무엇이
행복한
경제
를
만들까?

무엇이 행복한 경제를 만들까?

교과서에는 없는
진짜 경제 이야기

글 박세진 그림 소복이

이상한
도서관

경제도 영화처럼 떠들며
토론할 수 있다면

쿠바와 미국은 서로 사이가 나쁜 나라다. 지리적으로 가깝지만 쿠바가 사회주의 국가이기 때문에 외교적으로나 군사적으로 자주 티격태격하는 사이다.

어느 날 쿠바의 지도자인 카스트로가 국방부 장관에게 미국을 위기에 빠트릴 좋은 방책을 가져오라고 지시했다.

국방부 장관이 며칠 동안 고민을 한 끝에 카스트로에게 "특수 부대를 만들었으니 직접 와서 보시고 승인 여부를 결정해 주십시오."라고 했다. 카스트로가 보고를 받고 특수 부대 시찰을 갔더니 검은 양복을 입은 20명의 말쑥한 샌님들이 서 있었다.

카스트로가 의아해서 이렇게 물었다.

"이들이 정말 미국을 위기에 빠트릴 특수 부대가 맞소?"

"네 확실합니다."

쿠바 국방부 장관이 답했다.

카스트로가 다시 물었다.

"그래 이들은 도대체 누구요?"

국방부 장관은 이렇게 답했다.

"이들은 모두 경제학자들입니다. 저들이 미국에서 일으킬 가공할 혼란을 상상해 보세요."

반신반의하던 카스트로가 정말 저들이 미국을 위기 상태로 만들 수 있을까 의심하자 국방부 장관은 이렇게 제안했다고 한다.

"먼저 쿠바에서 실험을 해볼까요?"

"그러시오."

카스트로가 승낙했다. 그 결과 쿠바는 세계에서 가장 경제적으로 어려운 국가가 되었다고 한다.

경제학과 경제학자들을 조롱하는 유머는 많다. 경제학자들이 경제 상황을 잘못 진단하거나 경제 위기에 대한 잘못된 해법을 자주 제시하기 때문이다. 심지어 어떤 경제학자들은 한치 앞의 경제 상황도 예측하지 못하기도 한다. 1997년 우리나라의 경제 위기 때가 그랬다. 정부 경제 관료와 학자들은 경제 위기 한 달 전까지도 한국 경제는 문제가 없다고 했다. 그러나 한 달이 채 지나기도 전에 최악의 경제 위기를 맞게 되었다. 그때 그 경제 전문가는 신기하게도 10년 뒤 경제 담당 장관이 되었다. 그래서 국가가 다시 부도가 났느냐? 아니다. 아직 국가가 무사한 걸 보면 부도까지 간 건 아니다.

아마 알다가도 모를 영역이 있다면 그중 단연 경제가 으뜸일 것이다. 경제 영역의 범위가 국가 단위를 넘어 전 세계로 확장되었고, 각 국의 정치 상황과 심지어는 기후 상황까지 고려해야 하는 많은 변수가 존재하기 때문일 것이다. 그런 이유로 흔히 경제는 어렵고 알 수 없는 전문적인 영역이기에 쉽게 접근할 수 없다고 생각한다. 하지만 경제만큼 우리 삶에 중요한 영역은 없기도 하다. 경제 정책이 어떠하느냐에 따라 소득이 늘어나기도 하고 삶의 질이 달라지기도 하기 때문이다.

우리 삶에 영향을 미치는 영역은 다양하다. 경제 영역도 중요하지만 정치도 있고 문화도 있다. 그런데 정치에 관해서 주위 어른들이 "이 사람이 대통령감이네." "저 사람이 대통령감이네." 하고 자유롭게 말한다. 이런 말들과 평들이 정치를 발전시킨다.

문화도 마찬가지다. 문화에 대해 청소년들은 "나는 SF 영화가 좋아." "나는 코미디 영화가 좋아."라고 자유롭게 말하고 각자의 취향을 발전시킨다. 덕문에 문화도 풍부해지는 법이다. 그런데 유독 경제에 대해서는 쉽지 않다. 나는 경제에서도 사람들이 자유로운 판단과 평을 할 수 있어야 한다고 생각한다. 그래야만 더 나은 경제 체제를 꿈꾸고 발전

시킬 수 있다. 아마도 더 나은 경제 체제란 열심히 일한 만큼 풍요롭고, 나뿐만 아니라 우리 모두가 풍족해질 수 있는 착한 자본주의일 것이다. '모두가 행복한 자본주의'가 가능하기 위해서는 우리 스스로 경제에 대한 판단과 평을 할 수 있어야 한다.

물론 그런 판단과 평을 하기 위해서는 바탕과 재료들이 필요하다. 그 바탕이 바로 경제학의 이론적 흐름일 것이고, 경제학의 주요 개념들이 그 재료가 될 것이다. 이 책의 전반부는 바로 그러한 바탕과 재료를 중심 내용으로 삼고자 했다. 그래서 1장부터 7장까지는 자본주의 경제학에서 사용되는 중요 이론과 개념, 그리고 경제학의 이론적 흐름을 소개하고 있다.

그런데 경제학의 이론과 개념을 안다고 해서 경제에 대해 평할 수는 없다. 경제에 대해 나름의 판단과 평을 하기 위해서는 경제 영역이 어떻게 만들어지고 운영되는지를 알아야 한다. 이 역할을 담당하는 부분이 8장부터 10장이다. 사실 경제 또한 사회의 한 영역이기 때문에 다른 사회의 영역과 긴밀한 영향을 주고받는다. 그래서 여기서는 자본주의 생활 양식, 즉, 부지런함, 근검, 절약 등의 가치가 어떻게 사회의 미덕으로 칭송받게 되었는지 살펴봄으로써 시장 경제가 작동하는 데 문화가 얼마나 중요한지를 이해하게 될 것이다. 또한 시장 경제가 국가 권력과 어떤 연관을 맺고 있고, 국가가 시장과 어떤 관계를 형성하는 것이 바람직할지를 함께 생각해 보고자 한다.

　그리고 마지막으로 11장과 12장에서는 시장 경제가 발생시키는 많은 문제를 어떤 방식으로 풀어 나갈 것인지, 극복과 해결의 가능성은 있는지 등을 세계의 다른 국가들의 사례를 통해 살펴보고자 한다.

　이 책을 읽는 이들이 결과적으로 경제에 대해 더 많은 관심을 가지게 된다면, 책을 쓴 이로서 그보다 더한 보람은 없을 것이다. 더 바람직한 경제가 무엇이고 바람직한 사회가 무엇인지 관심을 가지고, 앞으로 더 많은 경제 관련 책을 보며 고민의 깊이를 더했으면 하는 바람이다. 결코 이 책은 도라에몽의 비밀 도구 주머니처럼 경제학의 모든 것을 담고 있지는 않기 때문이다.

　참고로 고대 그리스의 철학자 아리스토텔레스도 '바람직한 사회가 무엇인지'를 고민했다. 아리스토텔레스는 고민 결과 바람직한 사회는 중간 계급이 많은 사회라고 보았다. 중간 계급이 많은 사회는 사람들이 다른 사람의 물건을 탐내지도 않고, 정치권력을 둘러싼 음모와 정변들도 줄어들 것이라고 생각했기 때문이다. 그러나 우리나라의 현실은 아리스토텔레스가 말한 현실과 정반대로 흘러가고 있는 것 같다. 우리는 이 암울한 현실을 극복하고 더 나은 미래, 더 행복한 자본주의를 만들 수 있을까? 이 책이 그것을 찾아가는 여정의 첫걸음이 되길 바란다.

돈이 많으면
부유한
국가일까?

●

우리는 에티오피아보다
부유할까?

우리나라도 몇 십 년 전까지만 해도 아프리카나 아시아의 여러 국가들처럼 가난을 극복하는 것이 국가적 과제였던 시절이 있었다. 그 시절 초등학교 과정 교과서에는 '우리나라가 1인당 국민 소득 1만 달러가 되면 선진국이 된다.'라고 쓰여 있었다. 현재 우리나라는 2014년 기준으로 1인당 국민 소득이 2만 8000달러다. 자, 이제 우리나라는 정말 선진국이 되었을까?

1인당 국민 소득이 2만 8000달러라고 했으니, 이를 우리나라 원화로 바꿔 계산하면 3000만 원 정도 된다. 4인 가족으로 따지면 가족의 1년 수입이 약 1억 2000만 원이고, 한 달로 따지면 약 1000만 원을 번다는 계산이 나온다.

아프리카의 많은 개발 도상국 중 커피로 유명한 국가인 에티오피아는 2012년 1인당 국민소득이 약 470달러라고 한다. 넉넉히 계산해서 에티오피아의 4인 가족은 한 달 수입이 약 17만 원이고, 1년으로 따지면 약 200만 원을 번다.

그럼 질문을 해보자. 한국과 에티오피아 두 국가 중 부유한 국가는 어디일까?

대부분이 당연히 한국이라고 답할 것이다. 맞다. 한국이 더 '부유한 국가'인 것은 확실해 보인다.

그럼, 바보 같은 질문이라 생각할지도 모르겠지만 한 가지 질문을 더 해보자. 왜 한국이 에티오피아보다 부유한 국가일까? 혹시 "한국이 더 잘사니까." 혹은 "한국이 더 많이 버니까."라고 답했다면 정확한 답변이 아니다. 이 질문은 '부유함'이 무엇인지 그 정의를 묻고 있다. "한국이 더 잘산다. 왜냐하면 더 잘사니까."라는 답변은 '부유함'에 대한 정의 없이 동어반복에 불과하다. 사실 이 질문에 대한 답을 찾아보는 것이 경제학의 시대를 열었다. 18세기 영국의 경제학자인 애덤 스미스는 이 질문에 대한 명확한 답변을 내렸다. 그가 쓴 『국부론』은 바로 국가의 '부'에 대해 설명하는 것으로 시작한다.

애덤 스미스
'경제학의 아버지'로 칭송받는 사람이다. 그는 자신의 책 『국부론』에서 '보이지 않는 손'이라는 시장 개념을 도입해 수요와 공급의 법칙, 가격의 결정, 시장 경제의 구조 등을 설명했다.

사실 언뜻 이해되는 설명이 아니다. 우리는 '부자'라고 하면 '돈'이 많은 사람을 떠올린다. 이런 상식에 기대서 판단해 보면 '부'라는 것은 '돈을 많이 가지고 있음'을 의미할 것 같다. 실제 스미스 이전 경제학자들은 '부자=돈이 많음'이라는 우리와 비슷한 상식을 가지고 경제 정책과 국가 운영을 담당했다. 이들을 '중상주의'라고 한다.

이들은 국부, 즉 한 나라가 가진 부의 크기는 그 나라가 보유한 금과 은과 같은 화폐의 양에 의해 결정된다고 생각했다. 즉 금과 은을 많이 가지고 있으면 부유한 국가가 된다고 생각한 것이다.

그럼 부유한 국가가 되려면 어떻게 해야 할까? 금과 은을 되도록 많이 벌어들이고 벌어들인 금과 은은 나라 밖으로 되도록 적게 나

중상주의

15세기 중반부터 18세기에 걸쳐 유럽 국가에서 대체로 취했던 경제 정책이다. 항해술이 발전하고 무역업이 발달하자 국가는 수출을 많이 하고 수입은 줄이는 정책을 통해 더 많은 금과 은을 보유하고자 했다.

가게 하면 된다. 실제로 중상주의 시절 각 국가들은 무역을 통해 많은 상품을 외국에 수출하여 금과 은을 벌어들이고, 반대로 수입 물품에 붙이는 세금인 관세를 높이고 여러 규제를 만들어 외국 상품의 수입을 억제하려고 했다.

수출은 최대한 장려하고 수입은 최대한 억제하는 정책을 국가가 채택하게 되면 누구에게 이득이 될까? 제조업자와 상인이다. 제조업자들은 생산한 물건을 외국에 팔고, 동시에 외국 제품이 수입되기 어려운 자국에서도 상품을 많이 팔아 막대한 이득을 챙길 수 있다. 당연히 무역업을 하는 상인들에게도 유리한 경기장이 만들어진다.

그럼 국가 인구의 대부분을 차지하고 있는 소비자 입장에서는 중상주의가 유리할까? 아니다. 오히려 불리하다. 외국에서 수입되는 상품이 적기 때문에 가격도 저렴하고 품질도 좋은 상품을 찾기가 쉽지 않다. 심지어는 질도 떨어지면서 가격은 비싼 상품을 울며 겨자 먹기 식으로 사야하는 경우도 발생한다. 그래서 중상주의에 따른 정책은 그 사회의 대부분을 차지하는 소비자들을 희생시키면서 사회의 일부분에 불과한 제조업자와 상인에게만 이득을 보장해 주는 잘못된 결과를 만든다.

반면, 애덤 스미스는 국가의 '부'를 '모든 국민이 해마다 소비하는 생활필수품과 편의품의 양'이라고 했다. 제조업자의 통장이나

중상주의의 상징,
유럽의 무역선

아프리카를 지나는 네덜란드 무역 선박들을 그린
그림(18세기, 작자 미상). 당시 유럽의 무역 선박들은
아프리카를 돌아 인도와 인도네시아 근방의 섬까지
항해했고, 그곳을 거점 삼아 동양의 향신료를
유럽으로 싣고 왔다. 그 결과 최소 100배 이상의
이윤을 남겼다. 향신료를 얻기 위해 유럽의 무역
회사들은 섬을 정복하여 직접 재배하기도 했고
현지인으로부터 강제 매입하여 독점하기도 했다.
조선 시대 제주도에 표류한 '하멜'도 바로 네덜란드
무역선 소속 선원이었다.

국가에 누적되는 금과 은과 같은 화폐의 양이 아무리 많아도 그 상태는 부유한 상태가 아니다. 그리고 그 나라를 부유한 국가라고 할 수 없다.

부유한 국가란 그 사회의 모든 사람이 타국에 비해 한 해 동안 더 많은 생활필수품을 소비할 수 있고, 더 많은 편의품의 양을 소비할 수 있는 국가를 말한다. 그럼 앞에서 우리가 던진 질문에 대한 답을 찾을 수 있다.

질문: 우리나라가 에티오피아보다 부유한가?

애덤 스미스: 그렇다.

질문: 왜 우리나라가 에티오피아보다 부유한가?

애덤 스미스: 그 이유는 우리나라가 에티오피아보다 더 많은 생활필수품과 더 많은 편의품의 양을 소비할 수 있기 때문이다.

'부'에 대한 애덤 스미스의 견해를 이해하게 되면 경제에 대해 좀 더 폭넓은 시각을 갖게 된다. 우리나라가 2012년에서 2014년 사이 27개월 연속해서 **무역 흑자**가 발생했다는 경제 뉴스의 보도가 있었다.

27개월 연속 흑자는 바람직한 현상일까? 무역을 통해 흑자가 되었으니 우리나라가 더 부유하고 강한 나라가 될 것이라고 생각한다면 잘못이다. 오히려 무역 흑자가 많다는 것이 우려스럽다고 생각해야 할 것이다.

실제로 최근 우리나라의 무역 흑자는, 소비자들의 소득이 줄어들어 생활필수품을 덜 소비하면서 나타난 내수 부진이 수입 감소로 이어져 발생한 것이다. 애덤 스미스 식으로 말하자면 무역을 통해 금과 은과 같은 화폐는 벌어들이는데, 생활필수품과 편의품 소비의 양은 줄어든 것이다. 따라서 무역의 흑자가 국가를 부강하게 만든 것이 아니라, 일부 대기업과 수출업자들의 호주머니는 채워졌지만 국민 전체의 부는 축소되었을 가능성이 존재하는 것이다.

그렇다면, 진짜 국가의 부를 크게 하는 방법, 즉 소비자가 더 많은 생활필수품을 소비하게 만드는 방법은 무엇일까?

무역 흑자
국가와 국가 사이의 무역에서 다른 나라의 상품을 사는 것보다 자국의 상품을 더 많이 팔아 결과적으로 지출보다 수입이 더 많은, 이익이 되는 상태를 말한다. 반대말은 무역 적자.

분업은 어떻게 국가를
부유하게 할까?

다시 아프리카 이야기를 해보자. TV 다큐멘터리를 보다 보면 아프리카의 가난한 나라 사람들이 살아가는 모습에는 한 가지 공통점이 있다는 것을 알 수 있다. 도시나 농촌 등 지역을 불문하고 대다수 사람들이 변변한 직업 없이 살아간다는 점이다.

한 프로그램에 이런 장면이 있었다. 아름다운 해변에서 한 아프리카인이 물고기를 잡고 있었다. 한국인 리포터가 그 사람에게 "하루에 버는 돈이 얼마냐?"라고 물어 보았다. 그 남자는 "하루에 2천 원도 벌지 못하고 그나마 물고기도 많이 없다."라고 했다. 그런데도 "매일 나와 물고기를 잡고 있다."라고 말했다. 리포터가 "그럼 다른 일을 찾지 그러냐?"라고 하자 그 아프리카인은 "마땅히 다른 일자리가 없다."라고 답했다.

그 순간 나는 경제학자 애덤 스미스가 말한 '분업'을 떠올렸다.

앞서 우리는 국가의 '부'란 모든 국민이 생활필수품과 편의품을 소비하는 양이라는 것을 배웠다. 그럼 부유한 국가가 되기 위해서는 무엇이 필요할까? '부'를 증가 시킬 수 있는 방법을 찾으면 된다. 즉 생활필수품과 편의품의 소비량을 늘리기 위해 더 많은 생산을 하면 된다. 그 방법을 스미스는 '분업'에서 찾았다. 상품을 생산할 때 노동자들이 일하는 분야를 나누어 맡는 것을 분업이라고 하는데, 스미스의 생각은 분업이 되어 생산량이 커지면 커질수록 그만큼 국가는 부유해진다고 생각했다. 사실일까? 분업이 어떤 것인지 상상해 보자.

스미스는 못을 만드는 공장을 예를 들어 분업을 설명했다. 스미스의 설명을 들어보자.

> 첫째 사람은 철사를 잡아 늘이고, 둘째 사람은 철사를 곧게 편다. 셋째 사람은 철사를 끊고, 넷째 사람은 끝을 뾰족하게 하며, 다섯째 사람은 머리를 붙이기 위해 끝을 문지른다. (중략) 10명이 하루 48,000개, 한 사람이 하루 4,800개의 못을 만들 수 있었다.
>
> — 애덤 스미스, 『국부론』 중에서

교실로 책상을 나를 경우를 생각해 보자. 혼자 하나씩 옮기는 것보다, 복도에 줄을 서서 옮기는 방법을 쓰면 더 빠르게 책상을 나를 수 있다. 산업 영역에서도 마찬가지다. 분업이 이루어지는 만큼 생산력도 더 높아지기 마련이다. 만약 혼자서 못을 만드는 작업을 했다면 어떨까? 하루에 1,000개도 만들지 못했을 것이다. 이처럼 분업을 할 경우 확실히 작업의 속도가 높아지고, 혼자서 하는 것보다 더 빨리 일을 끝마칠 수 있다.

스미스는 부유한 국가의 사람은 수천 명의 도움과 협력 없이는 단순한 일상생활도 할 수 없을 것이라고 말한다. 실제로 오늘날 우리가 쓰는 생활용품 중에서 어떤 것도 스스로 만들어 사용하는 경우가 없다.

그런데 분업이 왜 부유한 국가를 만들 수 있을까?

지금 자신의 책상 위에 놓인 스탠드를 생각해 보자. 스탠드를 만들기 위해서는 형광등, 나사, 전선, 고무받침, 플라스틱 등등의 재료들이 필요하다. 스탠드에 필요한 모든 재료를 스탠드 회사에서 직접 만들 수도 있다. 하지만 이럴 경우 생산력이 떨어진다. 스탠드 회사에서 모든 재료를 직접 만든다면 형광등, 플라스틱, 전선 생산에 필요한 설비를 모두 마련해야 한다. 그만큼 비용이 많이 든다는 뜻이다. 그리고 스탠드를 생산해 벌어들인 이익이 모든 설비 투자에 들어간 비용보다 더 많다면 상관이 없겠지만 그럴 가능성은 없다.

그럼 해법은 뭘까?

'분업'을 하면 된다. 플라스틱 회사, 전선 회사, 형광등 회사, 나사 회사로 나누어 생산을 담당하면 된다. 그러면 어떤 일이 벌어질까? 각자 분업을 통해 생산한 제품들은 그 제품을 필요로 하는 사람들에 의해 시장에서 '교환'이 이루어진다.

플라스틱 회사는 공장을 만드는 데 필요한 형광등, 전선 등을 시장에서 구매할 것이고, 형광등 회사도 전선, 플라스틱, 나사 등의 다른 회사 상품을 구매할 것이다.

이처럼 분업은 생산 과정을 더 효율적으로 만들어 생산품의 양이 늘어나는 효과뿐만 아니라 생산된 상품들이 서로 교환되도록 하는 효과도 만든다. 따라서 분업이 세분화되고 많이 나뉘면 나뉠수록, 교환 또한 그만큼 많이 이루어질 것이다.

분업이 세분화되어 교환이 늘어나게 되면 '시장의 규모' 또한 커질 것이다. 그만큼 기업의 수도 늘어나게 되고 1차 산업, 2차 산업 등 분업 영역도 세분화될 것이다. 그뿐만 아니라 기업들이 생산하는 상품의 생산량도 증가할 것이다. 그 결과 기업들은 서로 더 싸고 품질 좋은 상품을 생산하여 시장에서 더 많은 이득을 얻고자 노력할 것이다.

교환

자기가 필요로 하는 상품을 얻기 위해 그것과 동일한 대가를 갖고 있는 자신의 상품이나 화폐를 상대에게 지불하고 그 상품의 소유권을 얻는 행위를 말한다.

분업으로 인해 시장 규모가 커지면 그만큼 다양한 기업과 다양한 직업이 생겨나게 된다. 이는 현실에서 '직업'이 그만큼 늘어남을 의미한다. 직업의 종류도 더 다양해지고 그 수도 늘어나게 되면, 다양한 취향과 인생관을 가진 사람들에게 더 나은 자아실현의 기회를 제공할 수 있게 된다.

이처럼 분업은 놀라운 결과를 만들어 낸다. 분업이 늘어나면, 결국 국가와 사회가 부유해지고 개인도 풍족해진다. 생필품과 편의품의 양은 늘어나고 더 많은 소비가 이루어진다. 자연스럽게 국가의 '부' 또한 증가한다. 이것이 스미스의 견해였다.

실제로 세계 각국의 직업 숫자는 그 나라의 시장 규모와 부의 척도 역할을 할 수 있다. 고용정보원 자료에 의하면 최근 한국의 직업 종류는 약 4만 개 정도라고 한다. 그럼 미국의 직업 종류는 한국보다 많을까 적을까? 당연히 한국보다 많다. 미국에는 약 20만 개의 직업이 있다고 한다.

그러다 보니 한국에 없는 직업이 미국에는 있다. 애완동물 전문 변호사, 말 치과의사, 음식 조각가, 발 치료 전문가와 같은 직업은 우리나라에서는 찾아볼 수 없다. 미국의 애완동물 전문 변호사는 애완동물로 인해 발생하는 각종 법률적 문제를 해결해 주는데, 이 직업에 종사하는 사람들은 약 54만 명이라고 한다. 평균 연봉도 9만 달러라고 한다.

그럼 아프리카와 비교해 보면 어떨까? 직업의 종류가 한국보다 많을까 적을까? 당연히 더 적다. 그렇기 때문에 직업을 가지기도 쉽지 않고, 그래서 물고기가 잡히지 않는 해변에서 어부 일을 계속 하게 되는 것이다.

따라서 에티오피아와 같은 아프리카의 가난한 국가들이 부유한 국가가 되기 위해서는 직업을 늘려야 한다. 직업을 늘리기 위해서는 분업이 활성화되어야 한다. 그러면 상품이 더 많이 생산되고, 그에 따라 더 많은 상품이 교환되어 소비의 양이 늘게 된다.

그런데 여기서 한 가지 질문이 생긴다. 그럼 분업을 늘리고 나누는 일은 누가 해야 할까? 국가 단위에서 분업이 이뤄지는 것인 만큼 규모도 크고 어려운 일이다. 이 정도 어려움을 감당하려면 사회 권력을 독점하고 있고 전문적 지식을 갖춘 엘리트들이 담당해야만 할 것 같다. 그래서 분업을 늘리고 나누는 일을 '국가'가 해야 한다고 답하는 이들도 있다.

물론 국가가 분업을 어떻게 할지 고민하고 결정하는 사회도 있었다. 그 사회가 바로 사회주의 사회다. 그래서 사회주의를 '계획 경제'라고 한다. 왜냐하면 경제 계획을 담당하는 정부 부서에서 사회의 분업 구조, 즉 누가 무엇을 생산하고 누가 어떤 역할을 담당할지를

사회주의

자본주의와 대립되는 경제 원리 혹은 경제 이론을 말한다. 자본주의는 토지와 자본 등 생산에 필요한 수단을 개인이 소유하는 것을 인정하는 반면, 사회주의는 생산 수단을 사회 전체가 소유해야 한다고 본다. 무엇을 얼마나 생산할 것인지는 사회를 대표하는 정부가 판단하고 계획하고 분배한다.

결정했기 때문이다. 교환 과정도 국가가 통제하고 관리했다.

그 결과는 성공했을까? 아니다. 실패했다. 현재 사회주의 국가는 얼마 남지 않았을 뿐만 아니라, 대표적인 사회주의 국가인 중국 역시 자본주의 경제 체제를 도입했다.

왜일까? 사회주의의 경우 여러 국가들 간에 서로 분업을 하기도 쉽지 않고, 실제 국가 내에서 분업과 시장 교환을 관리하다 보니 적절한 통제가 되지 않아 상품을 필요로 하는 소비자에게 충분히 공급하지 못하는 일이 비일비재했다.

그러다 보니 사회주의 국가에서는 교환이 아닌 배급이 이루어졌다. 생존을 위한 필수품을 모두에게 공급하기 위해서 배급량도 최소한으로 줄이는 경우도 있었다. 결국 사회주의는 국가가 분업을 나누고 통제하려 했으나 실패했다.

그럼 무엇을 생산하고 어떤 역할을 담당해야 할지 누가 결정해야 할까? 이 물음에 대한 스미스의 답은 '시장'이다. 이것이 바로 우리가 알고 있는 그 유명한 '보이지 않는 손'이다. 다음 장에서는 과연 어떻게 '보이지 않는 손'이 한 사회의 분업을 나누고 교환을 활성화시켜 결과적으로 국가를 풍요롭게 할 수 있는지 살펴보자.

2

보이지 않는
손은
나누기도
잘할까?

나에게 사랑하는 여자가 생겼다.

결혼을 위해 신혼집을 마련해야 한다.

그래! 초등학교 때 그림으로 상도 받은 적이 있지. 그림을 그려 팔자.

그림 한 개에 30만원씩 10개 이상 팔면 된다.

엄마, 고마워요

엄마가 한 개 사고, 친구가 한 개 사고,

더 이상 아무도 사지 않는구나.

시장은
어떤 역할을 할까?

사람들이 시장에서 '상품을 사고파는 행위'인 교환에 참여하는 이유는 무엇일까? 자신이 원하는 상품을 구매하거나 팔기 위해서일 것이다. 그럼 상품을 구매하거나 파는 이유는 무엇일까? 당연히 자신의 만족과 이익을 얻기 위해서다. 그 때문에 시장에 참여하는 사람들은 '이기적'이다.

그런데 애덤 스미스는 이기적인 개인이 자신의 이익 실현을 위해 노력하게 되면 결과적으로 국가의 부의 증가라는 공익을 실현하게 된다고 한다. 바로 '보이지 않는 손'에 의해서다. 여기서 '보이지 않는 손'이란 바로 '시장'을 말한다. 시장이 이기적인 인간으로 하여금 공익을 실현하도록 만든다는 것이다.

그럼 시장이 어떻게 개인의 이익도 실현시키고, 국가의 부도 증가시킬 수 있을까? 이는 시장의 기능과 역할과 연관되어 있다.

먼저 시장은 상품이 생산되었을 때 그 상품의 가격을 결정하는 역할을 한다. 예를 들어 보자. 결혼을 앞두고 있는 청년 마빡이가 있다. 마빡이는 결혼을 위해 신혼집을 마련하려고 한다. 집을 마련하기 위해 자신이 가장 잘할 수 있는 것이 무엇일지 고민해 본다. 그랬더니 학생 시절 그림에 재주가 있었다는 사실을 떠올리고 그림을 그려 사람들에게 팔기로 한다.

마빡이는 그림 그리는 데 필요한 재료를 구입하고 작업실과 상점도 마련한다. 그림을 판 돈으로 집을 마련해야 하니 개당 30만 원 정도를 하루에 10개 이상 팔아야 될 듯했다. 그래서 그림 한 장당 30만 원의 가격으로 그림을 팔기 시작했다. 결과는 어떻게 되었을까?

그림 몇 장을 주변 가족이나 친한 친구에게 팔 수는 있을 것이다. 그러나 곧 마빡이의 상점은 문을 닫고 말 것이다.

무엇이 잘못되었을까? 마빡이는 시장에 참여한 사람이며, 동시에 자신의 이익을 실현하기 위해 노력했다. 그런데 마빡이만 이기적일까? 아니다. 상품을 파는 마빡이도 이기적이지만 상품을 구매하는 소비자 또한 이기적이다. 마빡이는 신혼집 마련이라는 자신의 이익을 실현하기 위해서는 소비자들이 원하는 것을 먼저 고민했어야 했다. 자기가 원하는 상품이 아니라 소비자들이 사기를 원하는 상품을 만들어 팔아야 했고, 가격 또한 이들이 선뜻 지불하고 구매할 만한 적절한 가격이어야 했다.

얼마가 적절한 가격이었을까? 마빡이가 그림을 그리는 데 들어간 재료 원가보다는 높은 가격이 되어야 하지 않을까? 아니다. 그것은 마빡이의 생각일 뿐이다. 주변 가족과 친구 외에 아무도 마빡이의 그림을 원하지 않고 있다. 이럴 경우 마빡이의 그림 가격은 0원이다.

이를 경제학적으로 설명해 보자.

마빡이는 그림을 시장에서 팔려고 했다. 여기서 '그림'은 생산자 마빡이가 신혼집 마련을 위해 특정 기간 내에 팔려고 내놓는 '재화'와 '서비스'다. 이를 경제학에서는 '공급'이라고 한다. 즉 공급이란 공급 경제 주체가 상품을 판매하고자 하는 의도를 말하며, 공급자가 어떤 가격으로 시장에 팔려고 하는 상품의 수량으로 나타난다.

그런데 아무도 돈을 지불하고 마빡이의 그림을 사려 하지 않고 있는 상황이다. 돈을 지불하고 상품을 구매한다는 것은 소비자가 희생을 감수하고 비용을 지불하여 만족을 얻겠다는 것이다. 이를 경제학에서는 '수요'라고 한다. 즉 수요란 재화나 서비스에 비용을

재화와 서비스
경제학에서 재화란 사람(소비자)이 어떤 것을 사용 또는 소비하면서 효용(만족도)을 증가시킬 수 있는 모든 것을 의미한다. 서비스는 구체적인 형태가 없으면서 이를 제공받은 사람들의 만족을 충족시켜 주는 활동을 말한다.

지불하고 예상되는 편의와 이익을 얻고자 하는 욕구를 말한다. 그런데 마빡이의 그림은 공급은 있지만 수요는 없는 상태이다. 따라서 시장에서 가격은 0원이다. 이처럼 시장은 팔고자 하는 상품을 '수요와 공급'에 따라 '가격'을 결정하는 역할을 한다. 이를 경제학에서 '시장 가격'이라고 한다.

두 번째, 시장은 자원의 효율적 사용을 가능하게 한다. 시장은 적절하지 않은 상품을 생산할 경우 파산하게 함으로써 자원을 낭비 없이 필요에 맞게 적절히 이용하게 한다.

앞서 사례에서 마빡이의 문제는 단지 그림의 가격을 자기 스스로 높게 결정했다는 것에만 있지 않다. 더 큰 문제는 마빡이가 비효율적이었다는 데 있다. 그림이 팔리지 않았기 때문에 마빡이는 단지 재료 원가보다 높게 파는 것이 아니라 아예 그림을 그리지 말았어야 했다. 즉 생산을 하지 말아야 하는 것이다. 마빡이는 팔리지도 않을 그림을 그리기 위해 귀중한 지구 자원을 낭비했다. 차라리 그 재료를 가지고 프로 화가가 그림을 그렸다면 훨씬 가치 있는 그림을 그렸을 것이다. 그것이 결과적으로 사회에게도 이익이다. 따라서 소비자들이 마빡이의 그림을 구매하지 않아 파산한 것은 가슴 아픈 일이지만, 마빡이의 그림이 시장에서 퇴출된 것은 사회를 이롭게 한 것이다.

이를 경제학적으로 설명해 보자. 시장은 가장 효율적인 사람과 산업만 살아남게 한다. 자유로운 시장은 정부의 개입이나 강제 없이 각자에게 가장 최소의 노력으로 최대의 효과를 만들도록 한다. 낭비하는 사람은 경쟁력이 없기 때문에 시장에서 살아남지 못한다. 경쟁력을 갖추지 못한 상품은 시장에서 퇴출된다. 그렇기 때문에 이러한 시장의 특성을 경제학자들은 '시장의 효율성'이라고 한다.

그럼 마빡이는 어떻게 했어야 할까?

마빡이는 사람들이 원하는 것이 무엇인지 먼저 살펴보았어야 했다. 자신이 사는 주위를 둘러보니 농사를 짓기 위해 호미를 필요로 하고 있다. 그런데 가까운 곳에 농기구를 만들어 파는 곳이 없다. 그래서 마빡이는 호미를 만들기로 다시 결정한다. 가격 또한 호미의 가격을 인터넷 쇼핑몰을 통해 알아보고 다른 호미 가격과 유사한 1만 원에 팔기로 결정한다. 이런 마빡이의 선택은 어떤 결과로 나타날까?

성공할지 실패할지 단언하기는 어렵지만, 앞서 그림을 파는 것보다 훨씬 성공 가능성이 높아진 것이 사실이다. 마빡이의 호미는 사람들이 필요로 하는 것이고 적정한 가격이기 때문에 마을 사람들 또한 마빡이 호미를 구매할 것이다.

마빡이는 이제야 비로소 희소한 자원을 사용해서 더 가치 있는 것을 만들어 냈다. 결과적으로 돈을 벌겠다는 자신의 이익을 실현함과 동시에 다른 사람들의 욕구도 충족시켜 줄 수 있게 되었다.

그럼 마을에 호미를 파는 사람이 마빡이 혼자라고 할 경우 신혼집을 마련해야 하기 때문에 많은 돈이 필요한 마빡이가 가격을 1만 원에서 10만 원으로 올려 팔 수 있을까?

못한다. 그 이유는 누구도 사지 않을 것이기 때문이다. 그리고 설령 10만 원에 팔리게 되면 모두 그 가격에 팔려고 할 것이고, 심지어 호미를 팔면 돈이 되기 때문에 다른 경쟁자가 호미를 만들어 팔 것이다. 그래서 호미의 가격은 모두 비슷하게 맞춰진다. 이처럼 시장에서는 같은 종류의 상품에 대해서 하나의 가격만이 형성된다는 원칙이 성립한다. 이를 경제학에서는 '일물일가—物一價의 법칙'이라고 한다.

『잭과 콩나무』라는 영국 동화를 보면, 주인공 잭이 시장으로 젖소를 팔러 간다. 중간에 만난 할아버지에게 콩 세 알을 받고 젖소를 넘긴다. 그 할아버지는 콩 세 알로 젖소를 구매했기 때문에 엄청난 이득을 얻었다. 잭의 엄마가 화가 난 이유도 이해가 된다. 하지만 그 콩 세 알이 매일 황금 알을 낳는 거위를 얻게 될지 누가 알았겠는가?

이 동화의 교환 과정은 모두 시장에서 이루어지는 행위가 아니라, 시장 바깥에서 일어난 일들이다. 잭이 무사히 시장에 도착해 젖소를 팔았다면 애당초 이런 비합리적 교환과 결과가 발생하지 않았을 것이다. 이처럼 시장 바깥에서는 서로 속고 속이는 과정에서 엄청난 부를 얻을 수 있다. 하지만 시장 안에서는 다르다. 시장 안에서는 모두 이기적이고 합리적이다. 따라서 할아버지나 잭처럼 누군가 일방적으로 이득을 볼 수 없다.

결국 잭은 시장 바깥에서 막대한 이윤을 얻었지만, 시장 안에서 경제 활동을 하는 마빡이는 막대한 이윤을 얻을 수는 없다는 것을 알게 되었다. 시장은 소비자와 생산자 모두가 일정한 이득을 보며 서로의 이익이 실현되도록 한다.

이제 시장의 기능을 정리해 보자. 시장은 그림을 그리던 마빡이로 하여금 호미를 판매하는 직업으로 유도했다. 그뿐만 아니라 호미 판매업이라는 직업을 창출하고 마빡이가 생계를 꾸려갈 수 있게 했다. 시장은 누가 무엇을 생산하고 어떤 역할을 담당해야 하는지와 같은 사회의 분업과 직업을 조정한다.

그리고 시장은 마빡이로 하여금 다른 이웃이 필요로 하는 호미를 판매하도록 유도했다. 호미를 산 이웃은 농사를 짓고 그 생산물을 시장에 다시 내놓을 것이다. 그렇게 서로 필요한 상품들이 교환된다. 이처럼 시장은 각자에 필요한 상품을 서로 교환하도록 한다.

또한 시장은 마빡이가 파는 호미 가격을 1만 원이라는 적절한 가격으로 판매하도록 만든다. 시장은 상품의 수요와 공급의 균형을 통해 상품의 적절한 가격을 결정한다.

결과적으로 시장은 마빡이가 그림을 그려 자원을 낭비하는 것이 아니라 호미를 판매하게 유도했다. 시장은 소중한 자원을 효율적으로 사용하게 한다.

이런 점 때문에 스미스 이래로 많은 경제학자들은 '시장'에게 경제의 운영을 맡겨야 한다고 보았다. 이제 '시장'의 시대, 자본주의의 시대가 열린 것이다. '보이지 않는 손'이 그토록 유명해지고 우리가 애덤 스미스의 저서를 읽지 않아도 마치 읽은 것처럼 느껴지는 이유도 바로 여기 있다. 바야흐로 '보이지 않는 손'의 시대가 된 것이다.

시장은 어떻게
자원을 분배할까?

앞에서 국가가 아닌 시장이 경제를 담당하는 주체가 된 이유를 살펴보았다. 시장은 희소한 자원에 대한 효율적 분배와 수요와 공급의 균형, 적절한 상품의 가격도 결정할 수 있다. 그런데 과연 시장이 사회의 다양한 구성원들에게 필요한 재화를 적절히 나누는 '분배의 역할'도 잘할 수 있는지 살펴보아야 한다.

분배는 생산에 참가한 개인이 생산물을 일정한 기준에 따라 나누는 일이다. 경제에 참여한 개인에게 얼마만큼 분배되느냐에 따라 '상위 계층에 속하느냐, 하위 계층에 속하느냐'가 결정된다. 가령 이런 문제이다. 12시간 씩 운전하는 택시 노동자의 월급과 하루에 8시간 일하는 대기업 직원의 월급은 차이가 있어야 하는가? 그 차이는 얼마여야 하는가? 그리고 누가 더 많이 받아야 하는가?

쉽지 않은 문제다. 결국 분배는 그 사람이 사회에서 살아가는 삶의 수준을 결정하기 때문에 분배받은 양이 너무 적거나 혹은 적절한 양이 아니라고 생각하게 되면 사회에 대한 불신과 불만의 원인이 된다. 따라서 분배가 원활히 이루어져야 사회 갈등이 줄어든다. 만약 분배가 제대로 이뤄지지 않으면 가진 자와 못 가진 자 사이에 희소한 자원을 두고 심각한 대립이 일어날 것은 뻔하다.

그럼 시장은 적절한 분배도 가능한가? 극단적으로 시장을 옹호하는 시장 예찬론자들은 시장이 분배의 문제도 효율적으로 해결할 수 있다고 한다. 그럼 시장은 어떻게 분배의 문제를 해결할까?

시장에 의한 적절한 분배의 핵심은 시장에 참여하는 개인들의 교환 행위를 통해 가능하게 한다는 점이다.

먼저 교환 행위가 일어날 수 있는 조건을 가정해 보자. 채소보다 고기를 무척 좋아하는 남자 먹깨비와 다이어트를 하기 때문에 채소를 위주로 식사를 하고 있는 여자 크리스탈이 있다. 먹깨비와 크리스탈은 같은 마트에서 일한다. 마트는 고용된 사람들에게 일한 대가로 매달 일정량의 고기와 채소를 분배한다.

채소보다 고기를 좋아하는 남자 먹깨비에게는 채소가 많이 필요 없다. 반면 고기를 많이 먹지 않는 여자 크리스탈에게는 고기가 많이 필요 없다. 그럼 어떻게 될까?

당연히 먹깨비와 크리스탈은 서로 거래하게 된다. 다이어트를 하는 크리스탈은 고기를 좋아하는 먹깨비에게 고기를 줄 것이다. 그 대신 크리스탈은 자신에게 필요한 채소를 받을 것이다.

이 교환의 결과 크리스탈과 먹깨비는 서로 필요한 고기와 채소를 더 많이 갖게 되고, 서로 필요한 재화를 더 많이 얻게 된 셈이니 둘 다 행복해진다.

그럼 언제까지 교환 행위가 이뤄질까? 각자의 만족이 최대한 달성될 때까지 거래는 계속될 것이다. 먹깨비는 자신이 필요한 최소량의 채소만을 남기고 채소를 필요로 하는 사람에게 고기를 받고 판매를 할 것이다. 반면 크리스탈 또한 필요한 양만 남기고 고기를 팔아서 필요로 하는 많은 양의 채소를 얻을 것이다.

시장의 분배는 바로 이처럼 각자 주어진 여건이나 조건 속에서 각자의 만족을 최대한 이룰 수 있는 교환 행위를 통해 달성된다. 그렇기 때문에 시장의 분배는 효율적이다. 왜냐하면 먹깨비와 크리스탈, 이 두 사람은 더 이상 교환해 봐야 더 이상 큰 만족을 얻을 수 없을 때까지 거래를 한다. 그래서 교환을 통해 주어진 조건 속에서 최대의 만족을 이룬 것이다. 효율성이란 주어진 조건에서 최대의 이익과 만족을 성취하는 것을 말한다. 시장을 통한 교환은 각자에게 최대의 이익과 만족을 실현시키기 때문에 시장은 효율적 분배를 한다.

그뿐만 아니라 크리스탈과 먹깨비는 교환 과정에서 각자에게 필요한 채소와 고기를 얻기 위해 가장 적절한 기준으로 교환하려고 할 것이다. 고기의 양와 채소의 양, 그리고 고기와 채소를 원하는 사람이 각각 얼마나 많은가 등에 따라 채소와 고기의 교환 기준이 만들어질 것이다. 그래서 그 기준에 따라 고기 1kg에 채소 2kg과 같이 자신이 이득이라 생각하면 교환을 할 것이고 손해라 판단하면 교환을 하지 않을 것이다. 즉 각자가 자신에게 합리적 판단을 하고, 그것을 통해 분배가 이뤄지는 것이다. 이처럼 시장은 합리적 분배를 한다.

그래서 거래가 끝난 다음에는 다른 사람들이 나눠 가진 고기와 채소의 양을 보며 더 이상 자신의 것이 더 많은지 적은지를 부러워하거나 비교하지 않게 된다. 시장 교환을 통해 각자 자신이 필요로 하는 재화를 최대한 많이 얻었기 때문이다. 이처럼 시장 교환을 통해 사람들이 최대로 만족하는 상태를 공평한 상태라고 한다. 따라서 시장은 공평한 분배를 한다.

분배를 둘러싼 대부분의 사회적 갈등은 자신이 재화를 적절히 분배받지 못했다고 생각하고, 자신보다 더 많은 것을 가진 다른 사람을 부러워하고 질시하는 것에서 시작된다.

그런데 시장은 각자의 자발적 교환을 통해 자신이 만족하는 만큼의 재화를 분배받게 한다. 시장을 통해 균등 분배가 이뤄지고 공평성이 실현되는 것이다. 이를 정리하면 다음과 같다.

시장은 자유로운 교환을 통해 효율적이고 합리적 분배를 가능하게 한다.
그리고 시장 교환을 통해 각자 만족을 실현시키고 공평한 결과를 만든다.
그래서 시장은 정의롭다.

그런데 과연 시장의 분배를 사람들이 공평하다고 생각할까? 이론적으로는 시장의 교환 결과는 모두를 만족시킨다. 하지만 현실에서도 그럴까?

위의 사례에서 시장의 교환에 참여한 마빡이와 크리스탈은 노동의 대가로 동일한 재화를 지급받은 것으로 가정했다. 여기서 각자 지급받은 재화는 통상 월급 혹은 임금을 말한다. 그런데 각자 지급받은 재화의 양이 공정하지 못하다면 어떻게 될까?

먹깨비와 크리스탈의 경우 동일한 재화를 받고 시장에 참가했지만 현실은 어떤가? 각자의 임금은 자신이 속한 직업군과 사회적 평

비정규직
임금 차별

비정규직이란 근로 기간이 정해져 있는 계약직이나
일용직, 그리고 다른 곳으로 파견되어 일을 하는
파견 도급직 등 상시 근로를 하지 않는 시간제
노동자들을 총망라한 개념이다. 1997년 IMF사태
이후 우리나라의 비정규직은 급속히 늘었다. 문제는
비정규직이 정규직과 비교했을 때 여러 가지 차별을
받고 있다는 점이다. 사회 보험 가입률도 정규직과
비교했을 때 40%에 불과하고, 급여 또한 약 60%에
불과하다. 이와 같은 차별이 우리 사회에 만연하게
된다면 대한민국 사회는 결코 건강해질 수 없다.

가에 따라 각자 다르다. 남녀의 경우만 해도 그렇다. 한국의 경우 남성과 여성의 평균 임금의 차이가 여전히 존재하고 격차 또한 크다. 고용노동부에 따르면, 2013년 기준으로 여성은 남성이 받는 임금의 68%를 받는다. 즉 남성과 여성의 임금 격차는 약 32%포인트다. 여러 경제 선진국들이 모여 경제의 여러 문제를 함께 협력하여 해결하기 위해 만들어진 '경제개발협력기구OECD'에 속한 다른 국가들과 비교했을 때 가장 높다.

그뿐만 아니라 정규직과 비정규직의 임금 격차 또한 크다. 이는 애초에 시장에서 지급받는 재화, 즉 임금에 격차가 있다는 것이다. 만약 이 격차에 대해 사람들이 불만을 갖게 된다면 시장에서 아무리 주어진 조건에서 최대 만족을 실현시킨다 해도 불만이 쌓일 수밖에 없다.

그런데 시장 옹호론자들은 아무리 쥐꼬리만큼 적은 월급을 받더라도 그 안에서 최대한 만족을 실현시키면 공평하다고 하는 것이다. 결국 시장이 분배를 할 수 있다는 말은 각자 현실에 만족하라는 말에 불과하다. 우리는 시장의 분배 기능에 대해 다시 의문을 가질 수밖에 없다. 과연 시장이 분배를 제대로 공평하게 하고 있는가? 이 의문과 물음에 대해 우리는 이 책의 마지막 장에서 다시 확인해 볼 것이다.

3

시장은
왜
대공황을
막지 못했을까?

국민 경제는
어떻게 순환할까?

우리는 앞서 국가의 부가 무엇인지, 그리고 경제 운영을 시장에 맡겨야 하는 이유는 무엇인지 등을 살펴보았다. 이 과정을 아래의 도표로 다시 설명할 수 있다.

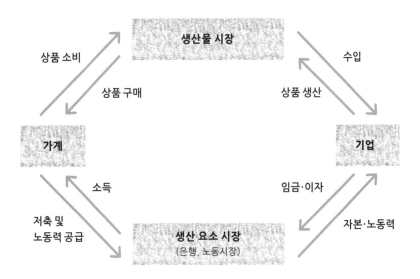

왼쪽은 가계, 오른쪽은 기업이다. 먼저 가계(경제 주체로서의 가정을 뜻하는 말)의 활동을 살펴보자. 가계는 소비를 담당한다. 소비를 위해서는 벌어들이는 소득이 있어야 한다. 가계는 노동력을 기업에 제공하고 그 대가로 임금을 받는다. 그리고 대가로 받은 임금으로 소비 활동에 참여한다. 물론 벌어들인 소득을 모두 소비하는 것은 아니다. 현재보다 더 나은 미래의 삶을 위해 소득의 일부를 저축한다.

기업은 가계에서 제공되는 노동력을 바탕으로 자본 등의 생산 요소를 바탕으로 상품을 생산한다. 정부는 이 과정에서 적절한 세금을 부과하여 사회에 필요한 기반 시설을 만든다. 그리고 전략적으로 필요하다고 생각되는 산업에 보조금 등을 지급하는 방법을 통해 산업을 발전시킨다.

또한 기업은 벌어들인 수익과 은행에서 받은 대출을 통해 투자를 한다. 이때 은행에서 빌린 돈은 바로 가계에서 저축한 돈이 중요한 기반이 된다.

투자가 늘어난 만큼 고용은 다시 늘 것이다. 고용이 늘면 직업이 많아지게 되고, 그 결과 가계에 취업자는 더 늘어나게 된다. 이로 인해 가계의 소득은 다시 늘어나게 된다. 소득이 늘어난 만큼 소비는 더 늘어나게 되고, 이로 인해 결과적으로 기업이 벌어들이는 수익은 더 많아진다. 이 순환이 반복되면 국민 경제는 더욱 풍요롭게 된다. 이 과정을 경제학에서는 경제 성장이라고 한다.

그런데 만약 투자와 저축의 순환이 제대로 이뤄지지 않을 경우 어떤 상황이 발생할까? 저축과 투자를 수요와 공급이라는 시장 원리로 설명해 보자. 저축은 공급이고 투자는 수요라고 볼 수 있다.

가계 소득이 증가하여 사람들이 저축을 많이 하게 되면, 그만큼 공급은 많아진다. 그렇게 되면 이자는 올라갈까, 내려갈까? 많은 사람이 저축을 하는 만큼 이자는 낮아진다. 따라서 기업이 은행에서 돈을 빌릴 때 저축이 많은 만큼 이자도 낮아지게 된다. 그러면, 기업은 이자가 싸기 때문에 이전보다 더 많은 돈을 빌려, 투자를 하게 된다.

이번에는 가계의 입장에서 생각해 보자. 가계는 소득이 늘어나 더 많은 저축을 할 수 있게 되었다. 그런데 저축을 해봐야 이자가 낮아 기대만큼 더 많은 돈을 벌지 못하게 된다. 그럼 가계는 저축을 늘일까, 줄일까? 당연히 가계는 저축을 줄이게 된다.

그러면 소득이 늘었지만 저축은 늘어나다 다시 줄어들게 된다. 은행의 이자는 어떻게 될까? 은행에서는 가계에서 저축을 하지 않기 때문에 돈이 부족해진다. 따라서 저축을 하도록 유인하기 위해 이자를 높일 것이다.

이렇게 저축과 투자는 균형을 이루게 된다. 세상은 스미스가 말한 것처럼 '보이지 않는 손'의 조화가 실현된다. 그리고 자본주의 경제는 지속적인 성장과 발전을 계속한다.

시장의 실패,
대공황

그런데 실제 이와 같은 설명과 예상이 무색해지는 일이 벌어졌다. 바로 대공황이다. 대공황은 1929년 10월 24일 뉴욕 월가에서 시작되었다. '검은 목요일'이라 불리는 이날 뉴욕 주식 시장에서는 주가의 폭락 현상이 나타났다. 그리고 주가 하락에 당황한 주주들이 약 1641만 주를 매각하였다. 이로 인해 주가는 더욱 떨어졌다.

그 결과 주식에 투자한 투자자와 은행은 투자한 많은 돈을 잃게 되었다. 주식 폭락은 경기 후퇴로 이어졌고, 각 기업들의 줄도산이 이어졌다. 이로 인해 대량 해고와 실업이 발생했으며, 이후 미국의 실업률은 3%에서 25%까지 치솟았다.

미국에서 발생한 이 사태는 유럽으로 번졌고, 미국과 같은 문제가 유럽 각 국가에도 발생했다. 이로 인해 세계 무역도 침체되었고, 실업과 경제난으로 인한 사회 불만이 히틀러의 나치와 같은 극단적

대공황 때 배급을
기다리는 사람들

대공황 시기 빵값은 하락했다. 그러나 사람들은 빵을
살 수가 없었다. 빵값(물가)이 하락하면 노동자나
서민들에게 더 살기 좋은 시기 아니었을까? 그러나
빵값이 떨어지면 빵집은 그만큼 이윤이 준다. 이윤이
줄면 고용한 노동자의 월급을 줄여야 한다. 그래도
어려울 경우 빵집을 폐업해야 한다.
월급이 줄거나 일자리를 잃게 되면 소비는 더
줄어든다. 결국 이 악순환으로 경제는 더 깊은 불황에
빠진다. 대공황 시기 일자리를 잃은 실업자들은 한 끼
식사를 이렇게 배급에 의존해야 했다.

인 민족주의와 국가주의로 이어졌다. 이로 인해 세계는 전쟁의 소용돌이에 휩싸이게 되었다.

그럼 대공황은 왜 발생했을까? 경제 운영 방식을 시장에게 맡겼기 때문이다. 애덤 스미스 이후 경제학의 주류가 되었던 시장 옹호론자들은 시장에 모든 것을 맡겨도 된다고 생각했다. 그러나 현실은 시장의 처절한 실패로 돌아왔다. 대공황으로 인해 위기에 처한 이 상황에서 한 명의 경제학자가 구원 투수로 등판한다. 그 사람이 바로 영국의 경제학자 케인즈다.

케인즈 이전 경제학자들은 앞서 살펴본 것처럼 시장 원리에 따라 저축과 투자가 장기적으로 균형을 이룬다고 보았다. 물론 일시적인 불균형이 발생한다. 그러나 수요와 공급이라는 시장 원리에 따라 이자율이 올라가거나 내려가고, 이 이자율의 변동으로 시장은 곧 균형 상태가 된다.

그런데 대공황은 시장이 이처럼 수요와 공급의 균형을 이끌 것이

케인즈

1883년 영국에서 태어난 경제학자. 그의 이론은 처음에는 경제학계의 주목을 받지 못하다가, 1929년 미국의 대공황 이후 대공황을 설명하고 그것을 극복할 방법을 제시한 유일한 경제학 이론으로 평가받기에 이른다.

라는 생각이 틀렸음을 보여주었다.

먼저 가계는 왜 저축을 할까? 장래를 대비하기 위해서다. 가령 저축은 자신이 거주할 집을 사거나 노후를 대비하기 위함이 많다. 그렇기 때문에 소득이 늘지 않으면 저축도 늘 수가 없다.

왜 그럴까? 소득에서 의식주에 필요한 비용 등의 소비를 제외하고 저축을 하기 때문이다. 소득에서 저축 외의 부분은 줄이기 쉽지 않다. 그렇기 때문에 이자율이 올라가더라도 저축을 갑자기 늘 수 없다. 그런데 만약 소득이 줄게 된다면, 저축 또한 줄게 될 것이다.

기업의 투자는 어떨까? 기업의 투자는 이자율에 의해 필연적으로 결정되는 것이 아니다. 이자가 싸다고 은행에서 돈을 빌려 생산을 늘릴 기업은 없다. 투자에는 이자율뿐만 아니라 무수한 요인이 고려되어야 한다. 정치 상황, 기후와 날씨, 타 기업의 성적, 심지어는 기업을 운영하는 자본가의 심성과 감정 상태 등 무수한 변수가 있다.

그렇기 때문에 가계의 저축과 기업의 투자가 이자율이라는 변수에 의해 시장에서 자율적으로 조정될 것이라는 것은 몽상에 가까운 것이다. 대공황 이전 세계 경제는 국민 경제의 흐름을 통해 설명했던 것처럼 계속 성장했었다. 소득은 늘고 저축 또한 늘었다. 당연히 투자 또한 늘어 경제 성장이 지속적으로 이루어졌다.

그런데 소득이 늘어 저축이 늘어났는데 투자로 이어지지 않게 된 것이다. 당시 주류이자 다수였던 시장 옹호론자들은 시장을 통해 곧 균형을 이룰 것으로 생각했다. 하지만 전혀 다른 일이 벌어지게 되었다.

늘어난 저축을 기업이 다시 투자하면 별 문제가 없다. 그러나 기업들이 투자하지 않았다. 앞서 본 것처럼 투자에는 여러 변수가 있다. 날씨 상황이나 기업 운영자의 심리적 상태 등 객관적 혹은 주관적 다양한 변수가 많다. 결국 늘어난 저축만큼 투자가 늘지 않았다. 그럼 이 당시 기업은 무엇을 했을까? 당시 기업은 설비 투자를 하지 않고, 그 대신 주식에 투자해서 돈을 벌고자 했다. 이는 곧 일자리가 늘지 않고 그대로 유지됨을 뜻한다. 일자리가 그대로인 것은 결국 가계 소득도 그대로 유지된다는 뜻이다.

'공급'은 이미 늘어 상품도 많아져 있는데, 가계 소득은 그대로 유지되어 상품을 구매할 '수요'는 제자리에 머물게 된 것이다. 늘어난 공급량에 비해 수요량은 그대로인 것이다. 이를 경제학에서는 '상품의 수요 부족으로 인해 공급이 초과되는 현상'이라고 한다. 이 상황이 대공황 직전 상황이다.

그럼 이때 기업은 어떤 선택을 할까? 기업은 감원하려 하고 실직자들이 늘어남에 따라 가계의 소득은 줄어든다. 소비는 더욱 감소한다. 이로 인해 불경기는 악화된다. 이 과정이 계속 악순환되면 어떻게 될까? 대공황이 발생할 것이다. 그리고 실제로 대공황이 발생했다.

케인즈에 따르면 대공황이 발생한 원인은 이처럼 저축과 투자를 시장이 자율적으로 조정하지 못한 채 경기 악화가 지속적으로 누적되었기 때문이다.

질문 : 공황을 극복하는 방법은 무엇일까? 그 해법은 있을까? 다시 말하면 저축과 투자의 관계를 시장이 자율적으로 조정하지 못한다면 누가 해야 할까?

케인즈 : 위의 질문에 대한 답은 '국가'다.

일단 케인즈는 대공황의 해법으로 지출, 즉 소비를 늘리는 방법을 제안했다. 그럼 해고되어 소득이 없는 사람들에게 소득을 가질 수 있게 해야 한다. 누가? '국가'다.

국가는 없는 일자리를 만들어서라도 실직 상태에 있는 사람들에게 소득을 지급한다. 그럼 그 소득은 소비될 것이다. 상품 소비량이 늘어난 만큼 기업은 생산량을 늘릴 것이다. 기업은 생산량이 늘어난 만큼 투자를 더 많이 하게 된다. 그로 인해 고용은 증대되고, 가계 소득은 더 늘어나게 된다.

　그럼 국가는 어떤 일자리를 만들어야 할까? 아무거나 소득이 발생하는 것이면 무엇이든 상관없다. 그래서 이를 케인즈는 다음과 같이 표현했다.

　오늘은 땅 구덩이를 판다. 그리고 내일은 판 구덩이를 묻는다.

그럼 국가가 만든 일자리들이 실제 경제에 큰 영향을 미칠까? 기업들이 줄줄이 도산하고 있는 상황에서, 그리고 25%가 해고된 상황에서 국가가 만든 일자리가 경제 살리기에 얼마나 도움이 되겠는가?

케인즈는 이 질문에 대한 답변 또한 준비했다. 누군가가 무심코 소비한 1000원이 경제에서 어느 정도의 파괴력을 보이는지 알아볼 수 있다. 이를 '승수 이론'이라 한다. 승수 이론이란 한 사람의 소비가 국가 전체의 소비량에 최종적으로 미치는 영향이 얼마인지 보여 주는 것이다.

만약 어떤 사람이 1000원으로 편의점에서 음료수를 샀다고 하자. 이는 먼저 편의점의 매출에 도움이 된다. 그중 일부는 편의점에서 일하는 사람에게, 또한 그중 일부는 음료수를 배달한 유통업자에게, 그리고 음료수를 생산한 기업에게 돌아갈 것이다. 결국 처음 소비된 1000원은 1000원의 소비로 끝나는 것이 아니라 다른 사람의 소득이 되어 계속 증가하게 된다. 만약 1000원이 다른 사람의 소득과 소비로 계속 이어져 국가 전체의 소비량을 4000원 어치 증가시킨다면 승수는 4가 된다. 이 승수 이론은 케인즈에게 있어 한 개인의 소비가 전체 국가에 미치는 파급력이 얼마나 큰지를 설명하는 데 중요한 역할을 한다.

케인즈는 대공황과 같은 상황에서 국민들이 작은 부분에서라도 지속적으로 국가 전체의 소비량을 증가시킬 수 있도록 국가가 나서서 일자리를 늘리는 역할을 해야 한다고 생각했다. 케인즈는 다음과 같이 말한다.

정부 기능의 확대는 현존하는 경제의 붕괴를 회피하는 유일한 실행 가능 수단이다.

대공황 이후 시장에 대한 맹목적인 믿음은 이제 더 이상 존재하지 않는다. 이제 경제를 시장이 혼자 담당하게 되면 어떤 파국이 도래하는지 알게 되었다. 그래서 경제를 누가 담당해야 할 것인가에 대한 질문에 대한 답은 케인즈 이후 시장이 아니라, 국가라는 답도 가능하게 되었다.

국가가
부유하면
국민도
부자가 될까?

노동자들이

대량 해고되고,

환경이

파괴되고

자유무역의 확대로

농민들이 사라지고,

결국
세월호도 침몰했다.
기업의 생산성과 효율성을 높이는 일이
시민의 안전보다 중요한,

이것이
신자유주의다.

석유 파동과
케인즈 시대의 종말

앞서 대공황과 그 해법을 통해 보았듯이 케인즈는 시장에 대한 국가의 개입을 통해 자본주의를 위기로부터 구해 냈다.

케인즈의 경제 이론을 따르는 '케인즈주의'가 전성기를 구가했던 1950~60년대에 세계는 과거에 경험하지 못한 성장과 호황을 경험했다. 특히 미국은 가계의 수입이 크게 늘었고, 투자 또한 국가의 적절한 개입을 통해 균형을 이루었기 때문에 미국인들은 지금도 이 시기를 가장 풍요롭고 급격한 발전을 이루던 시기라고 생각하고 있다.

우리가 미국하면 연상되는 부의 상징도 이 시기에 실현되었다. 알록달록 예쁜 교외의 주택에 살며 주말이면 가족들과 이웃이 모여 바비큐를 즐기고, 스프링클러가 갖춰진 잔디 정원에서 남편은 퇴근 후 잔디와 정원을 손질하고, 출근 시에는 중형 자동차를 타며, 아이들은 안전하게 아침마다 집 앞에서 스쿨버스를 타고 등교한다. 미국인의 풍요로운 삶을 떠올릴 때면 항상 연상되는 이 이미지들이 실현된 시기가 바로 1950~60년대였다. 그러나 이 모든 호기적인 상황은 70년대 중반에 접어들며 일제히 무너지고 만다.

먼저 제2차 세계 대전의 패전국이었던 독일과 일본의 경제가 살아나면서, 이들 나라 상품에 대한 미국의 수입이 급증하게 된다. 이로 인해 미국은 무역에서 계속 적자가 누적된다. 적자가 누적되기 때문에 그만큼의 달러가 외국으로 빠져나갔고, 부족해진 화폐를 채우기 위해 미국 정부는 달러를 다시 더 발행하게 되었다. 돈이 많이 풀리는 이 과정이 반복되자 미국은 만성적인 물가 상승과 이로 인한 달러화의 가치가 하락하는 문제에 봉착하게 된다.

1970년대 당시까지 세계는 금 본위 제도, 즉 한 국가가 보유하고 있는 금의 양에 따라 화폐 통화량을 결정하던 제도를 채택하고 있었다. 예를 들어 어떤 한 나라가 금을 1억 원만큼 갖고 있다면, 이 국가는 1억 원만큼의 화폐를 만들 수 있었다.

그런데 미국 정부가 달러를 계속 찍어내 달러화 가치가 계속 하락하게 되자 달러를 보유하고 있던 다른 국가들이 달러를 보유하지 않고 달러를 금으로 바꿔 줄 것(금 태환)을 미국에게 요구하게 된다. 이에 따라 미국이 보유하던 금의 양은 급격히 줄게 된다. 결국 미국 경제는 점점 더 어려움에 빠지고, 급기야 미국은 1971년 달러화의 금 태환을 전면적으로 중지하기에 이른다.

또한 당시 국제 정세에서 발생한 또 하나의 사건이 있었다. 바로 중동 전쟁이다. 이스라엘과 이집트 등을 중심으로 중동 국가들 간의 전쟁이 일어났는데, 문제는 중동 국가들의 대부분이 산유국들이라는 점이었다. 이들 중동 산유국들은 미국 등 서방 국가들이 이스라엘을 지원하는 것을 중단시키고자 '석유 수출 전면 중단'이라는 카드를 선택한다. 이로 인해 전 세계에 공급되는 석유가 부족해지면서 석유 가격은 폭등하고 각 국가들은 경기 침체의 위기에 빠지게 된다. 이른바 '석유 파동(오일 쇼크)' 사건이다.

기존의 경제 이론에 따르면, 경기가 침체되어 있을 때에는 소비가 줄어들고 이에 따라 물가 또한 떨어진다. 반대로 물가가 오를 때에는 경제가 호황 상태에 놓이게 되어 기업의 투자가 늘면서 실업률이 하락한다고 생각했다. 그런데 1970년대 석유 파동이 발생하면서 물가가 상승함에도 불구하고 오히려 경제는 불황이 지속되고 실업률도 늘어나는 이상 현상이 발생한 것이다. 기존의 경제 이론으로는 설명이 불가능했던 이 현상을 경제학에서는 '경기 침체'라는 뜻의 '스태그네이션stagnation'과 '물가 상승'이란 뜻의 '인플레이션inflation'을 결합해 '스태그플레이션stagflation'이라고 부르기로 했다.

왜 이러한 현상이 일어났는지 자세히 살펴보자. 먼저 원유는 우리 생활 전반에 필요하다. 원유는 냉난방뿐 아니라 대부분의 운송

수단에도 사용된다. 심지어 원유가 없다면 아스팔트로 도로 포장도 할 수 없다. 플라스틱 제품이나 섬유 등도 모두 석유 제품이다.

그런데 석유 가격이 중동 전쟁으로 인해 폭등한다. 1973년에 1배 럴당 4달러였던 원유가격이 1974년에 14.5달러로 상승했다. 그리고 1979년에 원유 가격은 배럴당 40달러로 폭등한다.

이는 세계 각국에 재앙이었다. 석유 가격의 상승은 모든 생산품에 들어가는 비용 증가를 가져왔고 모든 상품의 가격이 인상되었다. 단지 생산비의 증가 때문만은 아니었다. 수송비나 난방비의 상승은 상품 가격 상승에 또 다른 원인이 되었다. 그 결과 물가가 엄청난 규모로 상승했다. 미국의 경우 1974에서 1975년 사이 소비자 물가가 무려 12%나 상승했다. 1979년에는 무려 13%나 상승했다.

이제 경제학적 판단을 해보자. 상품의 가격이 갑자기 상승하면 어떻게 될까? 그 상품은 팔리지 않는다. 상품이 팔리지 않으면 어떻게 될까? 재고가 늘고, 따라서 생산이 줄게 된다. 생산이 줄면 어떻게 될까? 공장은 문을 닫거나 휴업을 하게 된다. 그 결과 실업자는 늘게 되고 가계 소득은 줄어든다. 그러면 경기는 더욱 침체되고, 실업자의 수는 계속 늘어나게 된다.

1970년대 상황이 그러했다. 1973년 당시 미국은 실업률이 5% 수준이었다. 그런데 이 기간 동안 실업률이 9%로 급증했다. 대공황 이후 최고 높은 실업률이었다. 당연히 생산도 이전에 비해 13%나 하락했다. 물가가 높아지는 인플레이션 속에서 경기가 침체된 것이다. 이것이 바로 스태그플레이션이다.

신자유주의가
등장하다

그럼 이 상황을 해결하기 위해 미국은 어떤 해법을 제시했을까?

　1981년 미국의 40대 대통령으로 당선된 레이건 대통령은 이른바 '신자유주의'라는 경제 이론에 바탕을 둔 정책을 펴기 시작했다. 신자유주의란 정부의 시장 개입을 비판하고 시장과 민간의 자유로운 경제 활동을 중시하는 사상이다. 신자유주의자들은 케인즈 이전에 있던 '맹목적인 시장 옹호론자'와 유사한 입장을 취했다. 이들은

신자유주의

1970년대 석유 파동과 함께 시작된 경제 이론으로, 케인즈 이론을 바탕으로 도입된 정부의 시장 개입의 실패를 지적하고, 시장의 자율을 내세운다. '새롭게 등장한 시장 자유주의'란 의미에서 신자유주의라 한다.

국가의 개입을 최소화하는 대신 시장의 자율성을 최대한 보장하는 경제 운용 방식을 취했다. 또한 각종 규제를 없애고 자유로운 무역을 옹호했다.

스태그플레이션은 석유 가격의 상승으로 인해 생산비가 늘어나고 이로 인한 물가 상승으로 발생했다. 해결책은 바로 생산성과 경쟁력을 높이는 것이었다. 물론 제일 손쉬운 방법은 석유 가격을 낮추면 된다. 하지만 그것은 전쟁과 같은 국제 관계의 문제이기 때문에 쉽게 낮출 수 없다. 따라서 기업 등이 생산성과 경쟁력을 갖추기 위한 방법을 경제 체제 안에서 찾아야 한다. 그래서 찾아낸 해법이 경영과 기술 혁신을 통해 생산성을 높이는 것이다.

경영과 기술의 혁신, 그에 따른 생산성의 증대는 상품 생산 원가를 감소시킨다. 그러면 상품 가격은 자연스럽게 내려간다. 상품 가격이 하락하면 상품에 대한 수요가 증대된다. 그 결과 상품의 재고가 줄어들고 공장이 다시 돌아가고 기업은 투자를 하게 된다. 사회 전체의 일자리도 늘어난다. 일자리가 늘어나면 소득이 늘어난 만큼 다시 상품의 생산이 활발해진다. 경제는 다시 선순환하고, 다시 호황 상태로 회복된다.

그럼 어떻게 경영과 기술 혁신을 할까? 신자유주의들은 시장의 규제를 철폐하고, 시장의 경쟁을 극대화시킨다. 그리고 국가는 시장에 개입하지 않으면 된다고 보았다. 이른바 국가의 개입을 최소화한 '작은 정부'를 도입하는 것이다. 여기서 '작은 정부'란 예산과 기구를 줄여 정부의 규모와 역할을 축소하는 것을 의미한다. 경제 관련 규제를 없애고, 국가 지출을 최대한 줄여 효율성을 높이는 쪽으로 방향을 바꾸는 것이다.

먼저 국가에 대한 신자유주의자들의 입장을 살펴보자. 그러한 입장에서 보면, 국가는 어떤 기능을 해야 할까? 신자유주의자들은 복지를 강화하고 전기, 기차, 의료 등 시민들에게 필요한 공공재 공급을 담당하는 공기업이 많은 '큰 국가'를 원할까? 아니면 복지와 공기업을 축소한 '작은 국가'를 원할까?

신자유주의는 당연히 생산성을 높이기 위해 정부가 담당하던 공기업을 민간에 팔아서 민영화하길 원한다. 이것이 신자유주의를 대표하는 공공 부문의 민영화 정책이다. 미국에서는 레이건의 공화당 정부가, 영국에서는 마거릿 대처의 보수당 정부가 이를 적용했다. 특히 대처는 생산성과 효율성이 떨어지는 영국 상황을 '영국병'이라고 지칭했다. 대처는 영국병을 치유하기 위해 당시 국가가 직접 운영하던 석탄 광산을 폐쇄했다. 영화 〈빌리 엘리어트〉나 〈브래스트 오프〉가 바로 이 시기를 다룬 영화다. 석탄 산업뿐만 아니라 철도 등 공기업을 민영화했다. 그리고 거기에 더해 공립 학교에 대한 정부 지원

마거릿 대처의 장례식

중요한 정치 지도자가 사망하면 반대자조차
그 지도자에게 애도를 표하는 것이 예의다.
하지만 영국에서 대처가 죽었을 때는 이와 달랐다.
거리 곳곳에서 사람들이 나와서 환호성과 폭죽을
터트렸다. 영국인들은 대처가 죽자 이렇게 외쳤다고
한다. "마녀가 죽었다." "지옥에나 떨어져라." "대처의
장례식을 민영화해서 가장 싼 업체에 맡기자!"
어떤 이들은 맥주를 들고 축하 파티를 열기도 했다.
신자유주의의 고통이 그만큼 영국인들에게 컸고,
그 고통에 대한 증오의 대상이 바로 대처였던 탓이다.

금을 줄였고, 교사와 학생에 대한 복지는 점점 더 열악해졌다. 우리가 알고 있는 '작은 정부'가 실현된 것이다. 이처럼 신자유주의는 생산성과 효율성을 높이기 위해 공공 부문을 시장에 맡기고, 정부의 역할을 축소한다.

하지만 동시에 '작은 정부'는 강력해야 한다. 그럼 무엇에 강력해야 할까? 경제의 효율성과 생산성을 높이기 위해 민영화를 하게 되면 노동조합이나 실업자들, 서민들의 강력한 저항이 예상된다. 그럴 경우 정부는 단호히 이들을 진압할 수 있을 만큼 강력한 공권력을 행사한다. 즉 경쟁력과 효율성을 위한 시장 질서를 지키기 위해 사회 조직이나 집단을 감시하고 통제하고 처벌하는 정부의 역할은 필요하다고 본다.

다음으로 신자유주의는 생산성과 효율성을 높이기 위해 시장 규제를 강화하기를 원할까, 아니면 축소하기를 원할까? 당연히 축소를 원한다. 기업이 어려워지면 고용된 노동자에게 지불하는 비용을 최대한 낮추려고 한다. 그러기 위해서는 노동자들을 해고해야 한다. 만약 노동자 해고를 가로막는, 고용과 관련된 법이 있다면? 신자유주의자들에게 이 법은 기업 성장을 가로막는 규제이기 때문에 해고를 쉽게 할 수 있도록 법을 고쳐야 한다. 그래서 신자유주의는 '노동시장 유연화'라는 이름으로 해고를 언제든 기업이 원하는 필요에 따라 쉽게 할 수 있도록 규제를 철폐하기를 원한다. 여기서 '노동시장 유연화'란 기업을 둘러싼 외부 환경의 변화에 인적 자원, 즉 노동자를 신속하게 효율적으로 '배분 또는 재배분'할 수 있도록 만드는 것을 의미한다. 가령 '노동 유연성'이 높다는 것은 기업을 둘러싼 환경이 나빠질 경우 노동자들을 쉽게 해고할 수 있다는 의미다. 반대로 기업 경제가 나아지면 노동자들을 쉽게 고용할 수 있지만, 이 역시 '쉬운 해고'를 염두에 둔 고용이다.

신자유주의의 규제 철폐는 그뿐만 아니다. 가령 기업이 기업 활동을 하면 오염 물질을 배출한다. 그 오염 물질은 환경을 파괴한다. 따라서 정부는 환경 오염 물질을 배출하는 기업에 환경 관련 세금을 부과하여 시민들의 환경권과 생태계를 보호한다. 그런데 이럴 경우 기업의 생산성과 효율성을 높이는 데 방해가 된다. 어떻게 해야할까? 당연히 신자유주의자들은 환경 보호를 위한 규제를 풀어야한다. 한 예로 우리나라에는 서울 시민의 식수원이 되는 한강 상류지역에 공장을 짓지 못하게 하는 법이 있다. 하지만 어떤 이들은 경제 발전을 위해 이 법률을 폐지해야 한다고 주장한다.

수많은 탑승객들의 목숨을 앗아간 '세월호 참사'도 근원적으로는 마찬가지다. 20년이 넘은 오래된 배를 외국에서 수입해 여객선으로 운영할 수 있도록 법을 고치는 등 국민 안전과 관련된 규제를 풀었기 때문에 세월호는 침몰했다. 신자유주의는 이처럼 기업 활동에 방해가 되는 법률 규제를 과감히 철폐해야 한다고 주장한다.

다음으로 신자유주의는 자유 무역을 확대해야 한다고 본다. 이들은 세계 각국의 시장이 완전 개방되고 무역을 가로막는 관세와 같은 규제가 사라지게 되면, 경쟁력과 효율성을 갖춘 기업들만 살아남게 되고 그렇지 못한 기업은 시장에서 퇴출될 거라고 생각한다. 그런 점에서 현재 우리가 경험하고 있는 '세계화'도 어느 정도 신자유주의와 연관된다. 신자유주의는 각 국가들 간의 **자유 무역 협정**FTA을 통한 자유 무역의 확대를 찬성하고 이를 적극적으로 옹호한다.

마지막으로 신자유주의는 부유층의 세금을 감면해 주고자 한다. 이는 이른바 '낙수 효과' 논리로 설명된다. 낙수 효과란 말 그대로 위에서 아래로 물이 떨어지듯 대기업의 이익이 커지면 자연스럽게 가계에 그 이익이 전달된다는 논리다. 대기업 및 부유층의 소득세를 낮추고, 이들의 소득이 증대되면 사회에 더 많은 투자가 이루

자유 무역 협정
FTA(Free Trade Agreement)라고도 부른다. 국가 간의 무역을 국내에서 거래하는 것처럼 자유롭게 하도록 관세를 낮추는 협정을 말한다. 서비스와 교육, 지적 재산권까지 협정의 범위가 넓어지고 있다.

어져 경기가 부양된다고 본다. 그에 따라 국내총생산량이 증가하면서 그 효과가 사회의 저소득층에게도 돌아가 소득의 양극화가 해소된다는 논리다.

이러한 신자유주의는 1970년대 후반에서 1980년대 초반 영국의 대처 수상과 미국의 레이건 대통령이 집권하면서부터 전 세계로 확산되어 나갔다. 미국과 영국뿐만 아니라 독일, 프랑스, 그리고 우리나라 또한 신자유주의 입장에 따라 국가 개입을 최소화하는 작은 정부를 지향하기 시작했다.

낙수 효과는 없다,
신자유주의의 한계

미국은 공화당 출신 레이건이 대통령에 당선되면서 신자유주의 경제 정책을 본격적으로 시행했다. 레이건 정부는 기업의 경제 활동을 최대한 활발히 만들고자 정부 지출을 줄이고, 규제를 완화하고, 감세(세금을 깎아주는 것)를 추진했다. 1980년 초 공화당 레이건 대통령 집권 시기로부터 시작된 신자유주의 정책은 이후 민주당 출신 대통령이었던 빌 클린턴이 집권했던 2000년대까지 미국을 지배했고 그 영향은 전 세계로 확산되었다.

먼저 정부 예산을 축소했다. 예산 축소 대상은 복지였다. 대공황 이후 미국 정부가 확대해 온 사회 복지 프로그램의 예산을 대폭 줄이거나 없앴다. 예를 들어 빈민을 위한 지원, 노인 및 서민 의료 지원, 실업자를 위한 무료 식품 교환권 지급과 생활 보조비 지원 등이 중단되거나 줄어들었다.

다음으로 감세 정책을 시행했다. 특히 세금을 3년 동안 매년 인하하여, 3년 동안 총 25%의 소득세를 인하했다. 이는 기업에게 더 많은 투자를 유발하여 경기를 더 활성화시키기 위함이었다.

셋째, 기업 활동을 활발하게 하기 위해 정부 규제를 축소시켰다. 환경, 보건, 안전에 대한 미국 연방 정부의 규제를 완화했다. 예를 들어 석유, 천연가스, 통신, 방송 영역 등에 대한 정부의 통제를 대폭 완화 축소시켰다.

실제 레이건이 실행한 신자유주의 정책은 효과가 있었다. 신자유주의가 미국과 영국의 울타리를 넘어 전 세계로 확산된 것은 신자유주의가 위기 상황이었던 미국 경제를 다시 회복시켰기 때문이었다.

먼저 1981년부터 1989년까지 미국의 국내총생산GDP 연평균 성장률은 3.2%로 높아졌다. 레이건 집권 이전 시기 1974년부터 1981년까지의 미국의 국내총생산 연평균 성장률은 2.8%에 불과했다. 이는 시장에 대한 정부 개입을 줄이고 기업 규제를 축소한 것이 효과가 있었음을 반증하는 결과라 할 수 있다.

그뿐만 아니라 고용이 증가했다. 레이건 집권 기간이었던 1981년 부터 1989년까지 미국은 약 1700만 개의 새 일자리를 만들어 냈다. 고용이 늘어난 만큼 실업률 또한 상대적으로 하락했다. 레이건이 집권할 당시 미국 실업률은 7.6%였다. 레이건이 신자유주의 경제 정책을 도입한 이후 실업률은 점점 하락했다. 레이건이 퇴임하던 시기 미국 실업률은 5.5%로 하락했다. 이처럼 정부의 감세 정책과 규제 완화 정책을 통해 기업의 경제 활동이 활성화되면 그 효과가 사회 구성원 모두에게 돌아가는 효과를 신자유주의자들은 '낙수 효과' 라고 부른다.

레이건의 신자유주의 도입은 석유 파동 전후로 시작된 미국의 경제 위기를 극복하는 데 어느 정도 성공적인 해법이 되었다.

그러나 일견 성공적으로 보이는 이 수치 속에서 다른 문제들이 발생했다. 먼저 빈곤층의 증가와 빈부 격차의 문제다. 신자유주의 도입 이후 미국에서 빈곤 계층은 오히려 더 늘었다. 이를 잘 보여주는 것이 빈곤 가정의 비율이다. 미국은 국세 조사에서 4인 가족 기준으로 연간 수입 2만 달러 이하를 빈곤 가정으로 분류한다. 그런데

2006년 미국 국세 조사에서 발표한 자료에 따르면 미국의 빈곤 인구는 3650만 명이고 전 인구의 12.6%라고 한다. 그중 18살 이하 빈곤 아동은 17.6%이고, 이 비율은 2000년부터 5년 동안 11%나 늘었다.

이에 따라 빈부 격차 또한 심화되었다. 고소득층과 하위 계층의 격차는 더욱 커졌다. 참고로 최근 미국 여론조사 전문 기관인 퓨 리서치PewResearch가 미국 사회의 빈부 격차에 대한 보고서를 발표했다. 이 보고서에 따르면 2013년 미국 고소득층 가정의 평균 재산은 63만 9400달러였으나 중간 소득층의 재산은 9만 6500달러, 저소득층은 9300달러에 불과했다. 고소득층 가구의 재산과 저소득층 가구와 격차는 약 70배에 이른다.

두 번째 문제로는 정부 예산 축소와 정부 민영화로 발생한 문제다. 얼마 전 철학자 마이클 샌델이 한국을 방문했을 때 샌델은 신자유주의의 문제점으로 허리케인 '카트리나'의 사례를 들었다. 왜일까? 허리케인은 자연재해였다. 하지만 허리케인은 신자유주의가 만들어낸 재해이기도 했다. 카트리나 때문에 피해 지역인 미국의 뉴올리언스에는 1000명 이상이 사망하고, 재난 뒤 2년이 지나도 과거 인구의 절반밖에 돌아오지 않았다. 전기조차 들어오지 않는 뉴올리언스에서 살기란 너무 힘들었기 때문이었을 것이다. 왜 이렇게 늑장 대처를 했을까? 미국 정부가 신자유주의에 입각해 정부를 축소하고 민영화했기 때문이라는 진단의 목소리가 줄을 이었다. 만약 정부 소속 연방재난관리청의 재정과 인원 축소가 없었다면 이처럼 문제가 심각해지지 않았을 것이라는 견해인 것이다. 그래서일까? 당시 재선을 노렸지만 여론에 뒤지던 버락 오바마는 재선에 성공할 수 있었다. 현직 대통령이자 민주당 출신 버락 오바마는 신자유주의에 비판적인 입장을 견지했다. 반면 공화당 대통령 후보 롬니는 정부 축소를 주장했고 하필 연방재난관리청 폐지를 찬성했었다. 이처럼 신자유주의가 주장했던 정부 축소는 복지의 축소로 인한 빈부 격차의 확대라는 문제뿐 아니라 삶의 안전을 위해 필요한 정부 기구 또한 무력화시키는 문제를 만들었다.

세 번째로는 의료 민영화 등으로 인해 증대된 중하위 계층의 고통 문제다. 의료 보험을 국가적으로 시행하는 유럽의 선진국에 비해 미국은 평균의 2.5배나 되는 1인당 의료비를 부담한다고 한다. 의료비가 그렇게 중요할까? 실제 미국의 경우 2005년 전체 파산 건수가 208만 건이었다고 한다. 그런데 개인 파산 건수 204만 건 중 약 50%가 질병으로 인한 병원 치료비 때문이라고 한다. 참고로 얼마 전 한국의 유명한 배우 안재욱 씨가 미국에서 쓰러져 수술을 받고 입원치료를 했더니 5억 원에 가까운 청구서를 받았다고 한다.

네 번째로는 결국 신자유주의가 내세웠던 정부의 규제의 완화 정책이 결국 전 세계의 경제를 위기로 몰아넣은 2008년 금융 위기를 초래했다는 점이다. 2008년 금융 위기는 리먼브라더스의 파산에서 시작했다. 이 위기는 곧 유럽과 전 세계로 확산되었다. 이 사건은 시장 경제 질서에 모든 것을 맡긴 신자유주의에 대한 근본적 반성의 계기가 되었다. 앞서 레이건 정책에서 보았듯이 신자유주의는 환경, 통신, 자원 등 어떤 영역이든 기업 활동에 도움이 된다면 규제를 완화해 왔다. 금융 또한 다르지 않았다. 금융에 대한 정부 규제의 완화로 금융 기업은 사람들로 하여금 과도한 빚을 내 집을 구입하도록 유인했다. 과도한 빚을 내 집을 구입한 사람들의 부채가 눈덩이처럼 늘어나고 구입한 부동산 가격이 추락하자, 이제 집을 팔아도 빚을 갚을 수 없게 되었다. 개인 파산자들이 점점 늘어났다. 마침내 2008년 금융 기업들이 줄도산하고야 말았다. 이 줄도산의 결과 세계 경제는 위기를 맞이하게 되었다.

마지막으로 레이건 시대에 보였던 낙수 효과와는 정반대의 현상이 등장하고 있다. 이는 미국 뿐 아니라 신자유주의를 도입한 전 세계에 나타나는 현상이다. 미국은 앞서 살펴보았듯이 오히려 빈곤층의 수가 늘었다. 우리나라 또한 마찬가지다.

우리나라 정부는 그동안 대기업들의 이익이 커져야 한국 경제도 산다고 생각했다. 대기업과 수출 기업 위주의 정책 또한 낙수 효과

미국 금융 위기 "도와주세요. 압류당했어요."라는 문구를 벽에
썼놓은 미국의 어느 주택. 2008년 금융 위기가
터지자 주택 구매에 필요한 자금을 대출받은 많은
미국인들은 큰 고통에 빠졌다. 금융 위기로 대출금
이자가 급등함에 따라 이자를 제때 갚지 못하는
경우가 급증했기 때문이다. 결국 제때 이자를
갚지 못한 사람들은 집을 헐값에 팔아야만 했으나
이마저도 쉽지 않았다. 헐값에 나온 집이 너무
많았던 것이다. 평생 성실하게 생활하던 사람들이
결국 집도 압류당한 채 거리로 내몰리고 말았다.

에 근거한 정책이었다. 그런데 대기업이 돈을 많이 벌면 정말 사람들의 살림살이가 좋아졌을까? 신자유주의 기간 동안 대기업은 많은 이윤을 확보했다. 그런데 우리나라 노동자들의 평균 임금은 같이 올랐을까? 아니다. 2000년대 동안 노동자의 실질 임금이 하락했다. 한국개발연구원에 따르면 2000년대 서비스업 근로자의 실질 임금은 거의 정체 상태이며, 1인 자영업자의 영업 소득은 오히려 13.9% 감소했다고 한다. 다음의 사례를 보자.

> 식음료 분야 프랜차이즈 업체에서 매장 관리자로 일하고 있는 김미현씨(29)의 월급은 해마다 조금씩 올랐다. 3년차인 올해는 지난해에 비해 3.5%가량 인상된 액수로 계약했다. 하지만 김씨는 월급이 올랐다는 것을 전혀 실감하지 못한다. 오히려 더 가벼워진다는 느낌을 지울 수 없다. 김씨가 일하는 매장의 가장 싼 파스타 가격은 입사 첫해 1만 원이었다. 그게 지금은 1만3000원으로 30% 올랐다.
>
> — 〈주간 경향〉, '낙수 효과는 역시 거짓이었다' 기사 중에서, 2014년

이는 무엇을 의미할까? 기업은 많은 돈을 벌어 부유해졌지만, 그 효과가 서민들에게는 미치지 못했다. 이는 애덤 스미스의 시각에서 볼 때에도 바람직하지 않다. 국가의 부는 전체 국민이 생활하는 데

필요한 필수품의 양이지 특정 계층의 부가 아니다. 그런 점에서 낙수 효과란 신자유주의의 이론 속에서만 가능했다는 것을 보여주는 단적인 예라고 할 수 있다.

우리 사회는 현재 이른바 양극화 문제에 봉착해 있다. 기업은 많은 수익을 얻어도 빈부 격차는 완화되지 않는다. 즉 사회의 부는 부자들에게 더 집중되고 빈곤층은 늘어나고 있는 것이다. 신자유주의는 이를 해결하지 못하고 있다. 실제로도 경제학자들 사이에 신자유주의가 빈부 격차의 해소와 경제의 선순환에 대한 해법이 되지 못할 것이라는 우려의 목소리가 높다. 그 때문에 다시 큰 정부에 주목하는 흐름이 생겨나고 있다. 케인즈 시대의 국가처럼 국가가 앞장서서 부유층에 세금을 더 많이 부과하고, 이를 바탕으로 가난한 서민들에게 필요한 일자리를 국가가 공급하여 전체 사회의 소득을 골고루 높이는 방안을 고민하고 있다. 그래서 조지프 스티글리츠 컬럼비아대 교수는 다음과 같이 이야기한다.

불평등을 옹호하는 사람들은 상위 계층에게 더 많은 돈을 몰아주면 성장이 가속화되므로 '모두'가 그 혜택을 받게 될 거라는 반론을 펼친다. 이것이 이른바 낙수 경제 이론trickle-down economics이다. 이 이론은 오랜 역사를 지니고 있지만 오래전에 신빙성을 잃었다. 앞서 살펴보았듯이, 심각한 불평등은 성장의 가속화로 이어지지 않았으며, 대부분의 미국인들은 실제로는 자신의 소득이 감소하거나 정체되는 것을 목격해 왔다. 최근 몇 년

간 미국이 경험한 것은 낙수 경제 이론과 상반되는 것이었다. 즉, 상위 계층에게 돌아가는 부는 하위 계층을 희생시킨 데서 나온 것이다.

— 스티글리츠,『불평등의 대가』중에서

조지프 스티글리츠
2001년 노벨 경제학상을 수상한 세계적인 경제학자이다. 세계은행 부총재 등 주요 요직을 두루 거쳤음에도 미국이 주도하는 경제 체제와 세계화를 비판하고 빈곤 국가들의 입장을 대변해온 대표적인 경제학자다.

자유 무역을 하면 살림살이가 나아질까?

5

농사를 짓던
사람들이

세계화와
자유무역으로
농사를 포기하고

공장에서

일을 하게 된다.

세계화,
식탁은 지구다!

지금까지 우리는 수요와 공급, 상품의 교환 등을 통해 시장 경제 원리를 살펴보았다. 그런데 애당초 시장 경제 체제는 특정 지역에서만 채택되었던 경제 체제에 불과했다. 17~18세기 영국 등의 유럽 사회로부터 오늘날 전 세계로 확산되었다. 왜일까?

우리는 TV나 매체를 통해 낯선 국가를 접하더라도 그 사회가 자원을 분배하는 방식이 무엇인지, 또 어떤 경제 체제인지 별로 궁금해하지 않는다. 당연히 시장 경제 체제라고 생각하기 때문이다.

하지만 불과 30년 전만 해도 그리 당연하지는 않았다. 세계 국가들은 사회주의 국가와 자본주의 국가로 양분되었다. 그런데 사회주의를 대표하는 국가였던 중국도 이제 시장 경제 체제를 채택하고 있다. 어떻게 자본주의 시장 경제 체제는 전 세계로 확산될 수 있었을까?

이는 특히 앞서 살펴본 신자유주의의 등장과 연관되어 있다. 신자유주의에 따르면 시장을 가로막는 규제를 철폐하고 세계 각국이 자유롭게 무역을 하게 되면 그 결과로 모두가 풍요로워질 수 있다. 세계 각국이 이러한 신자유주의를 받아들인 결과 세계화는 이제 피할 수 없는 현실이 되었다. 먼저 이문재 시인의 『제국호텔』이라는 시집에 실린 시를 보자.

식탁은 지구다

식탁은 지구다

중국서 자란 고추

미국 농부가 키운 콩

이란 땅에서 영근 석류

포르투갈에서 선적한 토마토

적도를 넘어온 호주산 쇠고기

식탁은 지구다

어머니 아버지

아직 젊으셨을 때

고추며 콩

석류와 토마토

모두 어디에서

나는 줄 알고 있었다

닭과 돼지도 앞마당서 잡았다

삼십여 년 전

우리 집 둥근 밥상은

우리 마을이었다

(하략)

이처럼 우리의 생활 곳곳에 세계화의 증거들이 존재한다. 어떤 것도 좋다. 책상 앞에 놓인 아무 상품이나 들고 생각해 보자. 이 상품은 어디서 왔을까? '메이드 인 코리아made in Korea'라고 쓰여 있더라도 그 상품의 원료는 어디서 왔을까? 그 상품의 공장은 어디에 있을까? 한국일까? 중국일까? 아니면 동남아시아나 남미의 어떤 공장일까? 질문에 대한 답을 찾다 보면 어떤 상품도 순수한 '국산'이라고 말할 수 없을 것이다.

다음은 1997년 IMF 사태 직후의 일이다. 당시 대한민국은 파산의 위기였다. 국민들은 침몰하던 대한민국호을 살리기 위해 금 모으기를 했고, 부도 직전인 한국 기업들을 살리기 위해 국산품 애용과 수입품 추방 운동이 전국적으로 벌어졌다.

이 상황에서 이탈리아 스포츠 회사의 자회사였던 '필라 코리아 Fila Korea'는 다음과 같은 물음을 광고에 게재했다.

당시 필라 코리아는 매년 매출액이 20~30% 성장하고 있었다. 그런데 수입품 추방 운동으로 매출 규모가 절반 수준으로 떨어졌다. 신발과 의류를 반품하는 발길이 끊이지 않았다.

하지만 필라 코리아는 전체 생산품의 99%를 국내에서 독립적으로 디자인하여 생산했고, 4백 50명의 직원이 모두 한국인이었다. 만약 필라 코리아 같은 기업이 부도가 난다면 그 피해는 한국과 이탈리아 중 어느 쪽이 더 클까? 적어도 4백 50명의 노동자가 해고되고 당장 그 가족들의 생계가 막막해지는 것은 피할 수 없다.

이후 한국 사회는 '국산품이란 무엇인가?'라는 질문에 대해 치열한 논쟁이 진행되었다. 분명한 것은 이제 순수한 의미의 국산품이란 없다는 것이다.

무역의 자유라는 이름으로 관세는 인하되고 있고 시장 개방이 광범위하게 진행되고 있다. 한국과 미국 사이의 자유 무역 협정뿐만 아니라 칠레, EU, 캐나다, 중국, 일본 등 FTA의 상대국은 점점 늘어나고 있다. 무역과 시장 개방으로 인한 세계화는 어쩌면 너무나 친숙한 문제이고 우리들 일상 깊숙이 자리 잡고 있는 문제이다. 나의 책상 위에도, 식탁 위에도 너무나 친숙하게 자리 잡고 있어 우리가 잊고 있는 문제이기도 하다.

몇 천 년 전 그리스의 철학자 디오게네스에게 누군가 이렇게 물었다고 한다.

"당신은 어디 출신이요?"

이 질문에 대해 디오게네스는 이렇게 답했다 한다.

"나는 세계의 시민이요."

그렇다. 우리도 이미 세계인이다.

동네 바보형 준하와
형돈이의 장사

미국의 조지타운 대학의 리볼리 교수는 어느 날 학교 교정에서 반세계화 집회 옆을 지나고 있었다. 그때 한 여학생의 말이 귀에 들어왔다.

"여러분이 입고 있는 티셔츠는 아시아의 어린 소녀들이 억압적이고 불결한 작업 환경에서 고통과 착취에 시달리며 만든 것입니다."

리볼리 교수는 연구실에 돌아와서 티셔츠의 탄생에서 소멸까지의 과정을 연구 과제로 삼았다. 티셔츠의 생산과 소비 과정이 세계화의 명암을 보여줄 수 있을 것이라는 생각에서였다.

리볼리 교수가 플로리다의 관광지에서 산 티셔츠의 원재료는 텍사스에서 경작된 면화였다. 그리고 이 면화는 태평양을 건너 중국의 직조 공장에서 실로 변신한다.

중국에서 생산된 실은 다시 근처의 직물 공장에서 흰색 천이 되어 티셔츠로 만들어진다.

중국에서 만들어진 티셔츠는 다시 태평양과 파나마 운하를 지나

축구공을 만드는
인도 아이들

공식 경기에서 사용되는 축구공은 가죽 조각을
손바느질로 이어 붙이는 수작업을 통해 완성된다.
축구공 회사들은 가격을 낮추기 위해 노동력의 비용이
싼 개발 도상국에 공장을 짓는다. 특히 어른보다
아이들의 임금이 훨씬 싸기 때문에 인도와 파키스탄
등에 사는 많은 아이들은 학교도 가지 못한 채
축구공이나 의류 등의 생산에 내몰린다. 1999년부터
세계축구연맹(FIFA)은 아동 노동으로 생산된
축구공을 사용하지 않겠다고 선언했다.
하지만 실제 통제가 어렵기 때문에 여전히 많은
아동들이 축구공을 만들고 있다고 추정된다.

플로리다의 염색 공장에서 여러 무늬를 가진 화려한 티셔츠로 변모한다.

티셔츠의 여행은 여기서 끝나지 않는다. 낡은 티셔츠는 다시 자선단체의 재활용 수거함에 버려지고, 미국 각지에서 수거된 헌 티셔츠는 재활용 회사 창고에 집결돼 대서양을 건넌다. 대서양을 건너 아프리카에 도착한 티셔츠는 아프리카 전역으로 퍼져 나가 더 이상 입을 수 없는 걸레가 되어서야 생을 마감한다.

이처럼 세계화의 모습을 정확히 보여주는 예가 또 있을까? 세계는 과학 기술의 발전 속에서 교통 통신망의 발달로 인해 하나의 마을이나 이웃이라고 해도 무방할 정도로 긴밀해졌다. 이른바 세계화의 시대이다.

세계화와 무역 시장의 개방을 적극 찬성하는 사람들은 이렇게 생각한다. '모든 국가가 자유롭게 무역을 하고 무역에 부과되었던 높은 세금을 인하하면서 시장을 개방하자. 그럼 많은 국가들이 빨리 성장할 수 있다.' 실제 세계은행은 다음과 같은 보고서를 발표했다. 무역을 개방한 24개 개발 도상국의 30억 시민들이 이전보다 더 높은 소득, 높은 수명, 양질의 교육 혜택을 누렸다고 한다.

과거에 농사를 짓던 가난한 개발 도상국 사람들이 자본주의 경제 체제를 도입하고 자유로운 무역을 하게 되면 공장에서 일을 할 수 있게 된다. 기업에 고용되어 일하는 것이 훨씬 나은 삶을 약속한다는 것이다.

그런데 자연의 세계에서 더 경쟁력 있고 우월한 종이 생존하듯 자본주의 시장 원리 또한 우월한 것일까? 개방과 무역은 정말 더 나은 삶을 약속할까? 왜 더 나은 삶을 위해 자유 무역을 해야 할까?

먼저 무역이 더 나은 삶과 풍요를 약속하는지 우리의 상식부터 확인해 보자. 우리가 쉽게 생각할 수 있는, 무역을 통해 부자가 되는 방법은 앞서 본 중상주의 이론과 유사하다. 다음 사례를 보자.

한 동네에 상인 두 명이 있다. 동네 바보 형 준하는 꼬마 김밥을 판다. 맘 좋은 형돈이는 인절미 떡을 판다. 한입 크기의 꼬마 김밥 하나의 가격은 100원이고, 인절미도 하나에 100원이다. 둘 다 먹성이 좋아 식신이라는 별명을 갖고 있다. 하루는 동네 장터에서 우연히 옆자리에서 나란히 앉아 장사를 하게 되었다.

아침을 먹었으나 장사를 열심히 하다 보니 배가 고파진 준하는 100원을 주고 형돈이에게 인절미 떡 하나를 사 먹었다. 맘 좋은 형돈이도 준하가 파는 꼬마 김밥 하나를 100원을 주고 사 먹었다. 식신이라는 별명처럼 인절미 떡 하나로는 부족한 준하가 또 떡 하나를 사 먹었다. 만만치 않은 식신인 형돈이도 김밥을 또 사 먹었다.

둘은 하루 종일 열심히 서로에게 장사를 했고, 결국 자판 위의 상품을 모두 팔았다. 마지막으로 준하와 형돈이는 하루 동안 벌어들인 돈을 계산해 보았다. 그 둘에게 남은 돈은 100원뿐이었다. 둘은 하루 종일 헛장사를 했다. 왜냐하면 서로 교환을 통해 돈을 벌지 못했으니까. 우리의 상식으로 부자가 되기 위해서는 돈을 많이 벌어야 한다.

만약 동네 바보 형 준하가 돈을 벌고 싶었다면 어떻게 해야 했을까? 형돈이가 배가 고파 준하의 꼬마 김밥을 사 먹을 동안 인절미를 사 먹지 않고 참았어야 했다. 아니 적어도 형돈이가 두 번 사 먹을 때마다 한 번씩만 사 먹었다 해도 수지 남는 장사였을 것이다. 그렇다. 준하와 형돈이가 서로 장사를 할 때, 많이 팔고 적게 사는 사람이 부자가 된다.

국가 간 무역도 마찬가지다. 두 국가가 서로 똑같이 팔고 산다면 어느 한 국가도 부자가 될 수 없다. 준하와 형돈이의 장사처럼 남는 돈이 없다. 두 국가 중 어느 한 국가가 많이 팔고(수출을 많이 하고) 적게 살 때(수입을 적게 할 때) 그 국가는 돈을 버는 법이다.

자유 무역을 하게 되면 우리가 상대방 국가에게 싸고 경쟁력 있는 상품을 수출하는 만큼 싸고 경쟁력 있는 상대방 국가의 상품이 들어오게 될 것이다. 그러면 파는 만큼 사게 될 확률이 높게 된다. 그렇다면 국가 간 자유로운 무역을 하게 되면 동네 바보형 준하와 형돈이의 장사처럼 어느 한쪽도 부유한 국가가 될 수 없다는 결론을 내릴 수 있다. 이런 생각을 갖고 있었던 것이 중상주의였다. 그래서 그 시대에는 보호 무역이 횡행했다. 수출은 많이 하고 수입은 적게 하기 위한 전략이었다.

그러나 이러한 상식을 뒤집고 무역이 풍요를 준다는 원리와 답을 찾아 제시한 경제학자가 있다. 그 사람은 바로 데이비드 리카도다.

앞서 우리는 시장 경제 원리를 살펴보며 경제학에서 한 국가의 부는 분업의 정도와 연관되어 있다는 애덤 스미스의 견해를 보았다. 개인에게 분업은 직업의 다양성이었다. 직업이 많을수록 직업 선택의 자유는 커진다. 또한 자신의 취향과 능력에 따라 생활에 필요한 재화를 얻을 수 있는 방법이 많다는 것이다. 자유로운 국가 간 무역이 한 국가의 구성원들이 필요로 하는 생필품의 양을 더 많이 늘리게 되고 결과적으로 국가의 풍요를 만들어 낸다는 발상 또한 이와 연관되어 있다.

실제로 그럴까? 서울은 25개의 구로 나누어져 있다. 각 구별로 다른 화폐를 사용하고, 구별로 물건을 사고팔 때 관세를 부과하고 다른 구에 취업하는 것을 금한다면 어떻게 될까? 직업은 줄어들고, 어떤 구는 일할 사람이 없고, 어떤 구는 기업이 부족할 것이다. 점점 서울의 경제 규모와 생산량은 줄어들고 사람들은 빈곤해질 것이다.

생산량을 높이고 경제 성장을 하기 위한 방법은 무엇일까? 관세와 장애물을 없애는 방법이 필요하다. 한 국가 내에서 자유로운 거래가 좋은 것이라면 세계 국가들 역시 자유로운 거래가 좋은 결과를 가져올 것이다. 각 국가들이 자유 무역을 가로 막는 관세와 같은 장벽을 없앤다면 세계가 하나의 국민 경제처럼 더 부유해질 수 있다. 이런 발상을 경제학 원리로 제시한 사람이 데이비드 리카도이고, 그 원리를 비교 우위론이라고 한다. 다음 장에서 자유 무역의 원리를 좀 더 자세히 알아보자.

세계화는
어떻게
세상을 하나로
만들었을까?

나는 시골에 산다.
내 친구는 1명이다.

친구를 만나기 위해선 30분 넘게 걸어야 한다.

친구와 축구도 하고, 나무타기도 하고, 물놀이도 한다.

나는 친구가 한 명이어도 좋다.

나는 도시에 산다.
내 친구는 1250명이다.

친구를 만나기 위해서는
1분이면 된다.

10명이 넘는 친구와 한꺼번에
얘기를 하고 게임을 하고 사진도 본다.

나는
친구가 많아서
좋다.

포도주냐 옷감이냐,
비교 우위론

비교 우위론을 설명할 때 유독 많이 나오는 사례가 포도주와 옷감의 사례이다. 그 이유는 데이비드 리카도가 그의 유일한 경제책인 『정치경제학과 과세의 원리에 대하여』에서 실제 사용했기 때문이다. 우리도 그의 설명에 따라 포도주와 옷감의 사례를 들어서 설명해 보자. 약간 복잡할 수 있으니 순서별로 차분히 읽으며 생각해 보자.

데이비드 리카도
1772년, 네덜란드계 은행가의 아들로 태어나 이미 14세에 아버지로부터 사업을 배우기 시작했고, 42세까지 주식과 국채, 사업 등으로 엄청난 돈을 벌었다. 29세에 애덤 스미스의 『국부론』을 읽고 경제학 연구에 심취했다고 한다.

1 영국과 포르투갈이라는 두 나라가 있다. 두 나라는 옷감과 포도주 두 상품만 생산한다. 아주 우연히도 세계 시장에서 옷감과 포도주는 가격이 같다.

2 그런데 두 나라의 기업 환경이나 조건은 어떨까? 당연히 다를 것이다. 옷감이나 포도주를 생산하는 데 들어가는 비용을 생산비라고 한다. 그런데 노동자의 임금도 다를 것이고 원료의 가격도 다를 것이다. 그래서 두 나라는 옷감이나 포도주를 생산하는 데 들어가는 비용, 즉 생산비가 다를 수밖에 없을 것이다.

3 두 국가의 생산비가 다른 만큼 생산비를 다르게 정해서 생각해 보자.
영국은 옷감을 생산하는 데 생산비가 100, 포도주를 생산하는 데 120만큼의 비용이 든다.
한편 포르투갈은 옷감 생산비가 90, 포도주 생산비가 80이다.

이를 표로 정리해 보자.

	옷감 생산비	포도주 생산비
영국	100	120
포르투갈	90	80

4 이제 두 나라가 무역을 한다고 해보자.

포르투갈의 옷감과 영국의 옷감이 교환되면 당연히 생산비가 10만큼 싼 포르투갈의 옷감이 더 많은 이득을 보게 된다. 포도주 또한 마찬가지이다. 포르투갈의 포도주가 영국의 포도주에 비해 생산비가 40만큼 더 저렴하기 때문에 포르투갈이 이득이다. 이와 같은 포르투갈의 상태를 경제학에서는 '절대 우위' 상태라고 한다.

5 두 국가 간 무역이 지속적으로 반복된다고 해보자.

영국은 옷감, 포도주 모두 손해가 누적될 것이다. 그럼 영국은 무역을 계속해야 될까? 당연히 상식적으로 판단해 보면 영국은 무역을 계속하지 말아야 한다. 영국은 포르투갈과 무역을 하면 할수록 손해가 늘 것이 분명하기 때문이다. 그러나 리카도는 두 국가가 무역을 계속하는 것이 이득이라고 한다. 왜 그럴까?

6 영국의 옷감 생산비는 100이다. 그리고 포도주 생산비는 120이다. 세계 시장에서 두 상품이 팔리는 가격은 같다. 그러면 영국의 경우 더 경쟁력 있는 상품은 무엇일까? 당연히 생산비가 더 싼 옷감이 경쟁력 있는 상품이다.

7 만약 영국이 100의 생산비가 드는 옷감을 포르투갈에 팔고 포르투갈의 포도주를 수입하면 어떻게 될까? 영국은 포도주를 생산하는 데 들어가는 비용이 120이었다. 그런데 가격이 같다고 했기 때문에 옷감을 팔고 옷감과 같은 가격인 포도주를 수입할 수 있기 때문에 결과적으로 포도주를 생산하는 데 들어가는 비용 중 20만큼의 생산비를 아낄 수 있다. 그리고 20만큼의 절약한 돈을 옷감을 생산하는 데 투자할 수 있다.

8 그러면 포르투갈의 경우는 어떨까? 포르투갈은 옷감 생산비가 90이고 포도주 생산비가 80이다. 그 때문에 포도주가 더 경쟁력 있는 상품이다.

9 포르투갈은 더 경쟁력 있는 포도주를 영국에 팔고, 영국산 옷감을 산다면 어떻게 될까?
포르투갈은 80의 비용을 들여 포도주를 만들고, 같은 가격인 옷감을 얻게 된다. 포르투갈에서 옷감을 만드는 데 들어가는 생산 비용은 90이다. 그런데 포도주를 영국에 팔고 같은 가격인 옷감을 수입하면 10만큼의 비용을 아낄 수 있다. 그리고 이 아낀 비용만큼을 더 경쟁력 있는 포도주 생산에 투자할 수 있다.

우리는 앞서 '전 세계가 시장을 개방하고 자유 무역을 하게 되는 세계화가 이루어지면 더 나은 삶을 약속할까?'라는 질문을 던졌었다. 이제 리카도가 답을 내리고 있다.

영국과 포르투갈 두 나라는 무역을 통해 각각 옷감과 포도주라는 전문 영역을 갖게 되었다. 그리고 무역을 통해 각자에게 필요한 포도주와 옷감이라는 상품을 얻었다. 그뿐만 아니라, 비용을 아낀 만큼의 이득을 각자의 산업에 투자하면 생산비는 더 낮아질 것이다. 그리고 무역을 통해 더 많은 이득을 얻게 된다. 결과적으로 두 나라는 이전보다 더 큰 풍요를 누릴 수 있게 된다.

그러면 왜 이를 비교 우위론이라고 할까? 영국은 옷감 산업, 포르투갈은 포도주 산업이 서로 비교해서 우위를 가지고 있었다. 이를 바탕으로 무역을 하면 결과적으로 두 국가는 더 풍요로워졌다. 그래서 이를 '비교 우위론'이라고 한다. 이처럼 '비교 우위'를 바탕으로 이루어지는 국가 간 무역과 세계화는 무역에 참여한 국가를 더 부유하고 풍요롭게 만들 수 있다.

얼마 전 한국은 미국과 자유 무역 협정을 체결하기 앞서 칠레와 자유 무역 협정을 체결했다. 그 결과 칠레와 무역이 더 활발하게 진행될 수 있었다. 덕분에 값비싼 프랑스 와인보다 값싸고 질 좋은 칠레산 포도주를 마트와 백화점에서 쉽게 접할 수 있게 되었다. 때마침 불어닥친 와인 열풍과 좋은 와인을 열망하던 소비자에게 이 소식은 희소식이었다.

우리나라는 와인을 마시고 싶어 하는 소비자의 욕구를 충족시키기 위해 직접 와인을 생산하려고 골머리를 썩이며 고민하지 않아도 된다. 칠레산 포도주를 마시면 된다. 그 대신 우리나라의 전자 제품과 자동차를 칠레에 수출하면 된다.

칠레 또한 마찬가지다. 소비자들이 갖고 싶어하는 스마트폰을 만들기 위해 힘겹고 어려운 기술 개발을 하지 않아도 된다. 값싸고 질 좋고 디자인도 훌륭한 대한민국 스마트폰을 수입하면 된다. 이처럼 포도주와 스마트폰만 놓고 보면 한국과 칠레 모두에게 이득이다. 한국과 칠레 양국은 이런 판단 하에 자유 무역 협정을 체결한 것이다. 이처럼 리카도의 비교 우위론은 여전히 세계 경제와 무역을 설명하는 데 중요한 역할을 한다.

세계화와 과학 기술의 발전, 정보화

세계화라는 자본주의 시장 경제 체제의 확산은 비교 우위를 통한 풍요뿐만 아니라 정보화라는 또 다른 현실을 경험하게 한다.

〈스팅〉이라는 영화가 있다. 이 영화는 1930년대 미국을 배경으로 삼고 있다. 젊은 삼류 건달 후커와 은퇴를 앞둔 노장의 사기꾼 곤도프가 뉴욕 갱의 두목이자 거물인 로네건을 상대로 엄청난 경마 사기극을 벌인다.

당시 미국에는 멀리 떨어져 있는 경마장에 직접 가지 못하는 사람들을 위한 경마 중계소가 성업했다고 한다. 경마를 좋아하는 사람들은 경마 중계소에서 1등을 할 것으로 생각하는 말에 돈을 걸고 내기를 하곤 했다.

그런데 당시는 과학 통신 기술이 그리 발전한 시대가 아니었기 때문에 경마장의 결과가 경마 중계소에 바로 도착하는 것이 아니었다. 경마장에서 보낸 전보가 먼저 전화국에 도착하고, 이를 전화국 직원이 다시 전보로 경마 중계소에 전달했다. 후커와 곤도프는 전화국에 도착한 전보를 가로채는 방식으로 갱 두목인 로네건을 상대로 사기극을 멋지게 성공시킨다.

이 영화는 정보화 사회를 살아가는 우리들에게 시사하는 바가 크다. 정보가 힘이자 돈이다.

정보화 시대에 무엇보다 중요한 것이 정보와 지식 아니던가? 링컨이 죽었을 때 그 소식이 미국 전역으로 퍼져 전 국민이 알게 되기까지 무려 일주일이 걸렸다고 한다. 미약한 통신망은 한편으로 당시 미국 내 각 지역들의 산업이 서로 독자적이었음을 알려 준다. 그래서 링컨의 죽음이 미국 경제에 큰 영향을 주지 않았다 한다. 반대로 오늘날은 다르다. 만약 미국의 대통령이 암살을 당한다면 그 소식은 인터넷 통신망을 타고 전 세계로 전달되고, 그로 인해 세계 주가는 크게 출렁거릴 것이다.

주직을 투자한 이는 아침에 일어나서 신문을 펼친다. 그는 재미없는 TV 뉴스에 우리와 하등 상관없어 보이는 해외 뉴스까지 빠짐없이 꼼꼼히 챙겨 본다. 왜일까? 이유는 두 가지다.

먼저 세계화 때문이다. 세계화로 인해 전 세계가 시장 경제 속에 포함되었고, 각 국가들은 서로 분업 관계를 형성하는 만큼 긴밀해지고 있다. 그렇기 때문에 주식 시장 투자를 성공하자면 고려해야 할 변수가 많다. 국내 기업 상황도 알아야 한다. 하지만 한국의 경제 상황은 미국의 경제 상황과 긴밀하게 연관되어 있다. 미국이 기침을 하면 한국은 감기에 걸린다 하지 않는가? 그뿐이랴? 중동의 정세는 원유 가격 상승과 하락에 영향을 준다. 원유 가격이야말로 세계 경제를 좌우하는 중요한 변수 아니겠는가? 주식 투자는 우리로 하여금 세계 각지의 문제에 관심을 기울이는 세계인이 되게 한다.

한편으로는 세계화는 정보화를 요구한다. 세계화는 각 국가들의 산업적 연관성을 긴밀하게 만든다. 그렇기 때문에 더 빠르게 각자

뉴욕으로 간
중국 기업

'알리바바'는 중국 전자 상거래 업체다.

2014년 뉴욕증권거래소에 기업을 상장하면서 창업자이자 회장인 '마윈'은 순자산 규모 218억 달러 (22조 7천억 원)로 중국인 가운데 최고 부자가 되었다. 알리바바는 중국 기업이지만 초국적 기업이기도 하다. 미국 야후와 일본의 소프트뱅크 등의 거대 IT 기업들도 알리바바의 주요 투자자다. 세계화 시대에 기업은 국적에 따라 구분되지 않을뿐더러 그 수익 또한 세계 각지로 퍼져 나간다. 이처럼 세계화는 시간과 공간을 넘어 급속도로 우리의 일상을 지배한다.

의 소식을 전달하고 소식을 받아야 한다. 그래야만 문제가 발생해도 적절하게 대응할 수 있게 된다. '티셔츠의 여행'에서 보았듯이 텍사스에서 생산된 면화는 중국에서 티셔츠로 만들어져야 하고, 태평양을 거쳐 다시 플로리다에서 염색을 마쳐야 한다. 어느 한 곳에서 작은 문제가 발생하면 즉각 조치가 필요하다. 텍사스에서 발생한 문제가 중국 방직 산업에 큰 문제를 야기할 수도 있다. 그렇기 때문에 긴밀한 통신망은 필수적이다.

따라서 국가 간 산업적 연관성이 서로 긴밀해진 만큼 최신 과학 기술의 성과를 반영한 빠른 통신 연결망을 형성해야만 한다. 이는 국가나 정부 단위에만 해당하는 것이 아니다. 컴퓨터가 없더라도 이미 전 세계인들은 스마트폰으로 세상에서 벌어지는 모든 일들을 실시간으로 검색하고 있다.

이처럼 세계화와 정보화는 우리들 삶에 동시에 나타나는 문제이다. 그래서 둘을 따로 이해할 수 없다. 세계화는 정보화를, 그리고 정보화는 세계화를 필요로 한다. 그리고 세계 모든 국가들이 하나의 시장에 참여해 경쟁하게 되는 세계화는 과학 기술의 발전을 요구한다.

세계화는 각 국가와 기업들로 하여금 세계 시장에서 서로 경쟁하게 만든다. 그러다 보니 경쟁이 치열해질 수밖에 없다. 다른 국가나 기업보다 더 경쟁력 있는 산업을 갖기를 원하고 생산력을 높이기 위해 노력한다. 경쟁력을 높이고 생산력을 높이는 토대는 과학 기술이다. 그래서 능력 있는 기업과 국가는 과학 기술을 발전시키기 위해 막대한 투자를 하기 마련이다.

독일에 폭스바겐이라는 자동차 회사가 있다. 이 회사에서 만드는 자동차의 대표 엔진은 연비가 높은 디젤 엔진이다. 가솔린에 비해 값싼 디젤 기름으로 먼 거리를 갈 수 있는 엔진이다. 폭스바겐은 좋은 기술력을 갖고 있음에도 좀 더 연비와 기능이 향상된 새로운 엔진을 개발하기 위해 2013년에만 총 114억 달러를 투자했다. 우리 돈으로 약 12조 954억 원이다. 왜 그랬을까? 세계적인 전자 회사인 우리나라의 삼성전자 또한 2013년 동안 104억 달러를 투자했다. 역시 우리 돈으로 약 10조 9740억 원에 달한다. 왜 그랬을까?

첫째는 고도의 과학 기술이 결합된 상품을 파는 것이 기업에게 유리하기 때문이다. 그렇기 때문에 폭스바겐과 삼성은 기술 개발에 투자하고 성과를 얻고자 하는 것이다.

두 번째는 세계화에 따른 무한 경쟁에서 살아남고 승자가 되기 위해서다. 폭스바겐과 삼성 이 두 기업은 연구 개발비 투자에서 전 세계 1, 2위 기업이다. 그런 만큼 이 두 기업은 자신의 산업 부문에서 매출 규모에서도 1, 2위를 다툰다. 하지만 언제까지 이들이 성공

하리라는 보장이 없다. 다른 기업들 역시 경쟁력 있는 상품을 개발하기 위해 그만큼 노력하기 때문이다. 새로운 혁신적 기술이 개발되면 따라잡히는 것은 시간 문제다. 그만큼 과학 기술에 많이 투자하고 그런 만큼 과학 기술의 발전 속도가 빠르다.

결국 연구 개발에 얼마나 노력하느냐가 해당 기업의 경쟁력을 좌우한다. 이처럼 연구 개발을 제대로 하지 못하는 기업들은 비록 지금 높은 매출과 수익을 남긴다 하더라도 오래 살아남지 못하고 도

태되고 말 것이다.

그래서 조지프 슘페터라는 경제학자는 오늘날 우리가 겪고 있는 무한 경쟁과 급속한 기술 발전이 자본주의 시장 경제에 필연적이며, 이 과정을 '창조적 파괴'의 과정이라고 한다.

대장간 화덕에서 오늘날의 용광로에 이르는 철강 산업 생산 체계의 역사도, 물레방아에서 현대적인 발전소에 이르는 전력 산업 생산 체계의 역사도, 역마차에서 비행기에 이르는 수송의 역사도 그러하다. 해외 또는 국내에서 새로운 시장의 출현과 철공소에서 'US 스틸'(미국의 대표적인 철강 회사)로의 발전은 — 생물학의 용어를 쓴다면 — 모두 산업적 돌연변이의 과정이며, 이것은 쉴 새 없이 내부로부터 경제 구조의 혁명을 일으키고, 끊임없이 오래된 것을 부수며, 멈추지 않고 새로운 것을 만들어 낸다. 이러한 '창조적 파괴'의 과정은 자본주의의 본질적 요소이다. 이것이 바로 모든 자본가가 주목해야 할 자본주의의 요체이다.

— 조지프 슘페터, 『자본주의, 사회주의 그리고 민주주의』 중에서

이처럼 세계화와 그에 따른 경쟁의 심화는 과학 기술의 급속한 발전과 변화를 요구한다. 그래서 속도가 생명보다 소중한 시대가 된다. 그래서 우리가 사는 현대 사회는 하루가 다르게 빠르게 변화하

는 것이다.

〈응답하라 1994〉라는 드라마에서 보듯 1994년에 삐삐가, 1996년 시티폰으로, 1997년에 핸드폰으로, 그리고 플립형에서 폴더형으로, 그리고 마침내 오늘날 스마트폰으로 변했다. 상품도 변하고, 성공하는 기업도 변하고, 우리의 삶도 변한다. 세상의 변화 속도는 세계화와 정보화가 함께 진행되면서 파생되는 결과이다. 그런데 세계화와 정보화는 우리에게 또 다른 문제점을 고민하게 한다.

조지프 슘페터
오스트리아 출신의 경제학자로 1919년 오스트리아의 재무장관을 역임한 후 미국에 귀화하여 하버드 대학에서 연구했다. 그는 '창조적 파괴'라는 개념을 통해 기업이 기술 혁신을 하는 것이 중요하고, 그 혁신의 대가로 기업의 독점을 허용해야 한다고 주장했다.

농사짓던 농부는
반도체를
만들 수 있을까?

7

농사짓던 농부는 반도체를 만들 수 있을까?

불의 나라와 바람의 나라,
비교 우위론의 한계

이제 우리는 세계화가 정말 우리의 삶을 풍요롭게 했는지 검토할 필요가 있다. 리카도의 비교 우위론에 따르면, 그리고 세계화를 찬성하는 사람들에 따르면 자유 무역에 참가하는 국가들은 저마다 경쟁력 있는 산업을 선택하여 발전과 성장을 할 수 있게 된다.

그러면 어떤 나라가 어떤 산업을 선택해서 육성 발전하느냐의 문제가 대두된다. 왜냐하면 어떤 산업이 주력 산업이 되느냐 혹은 어떤 상품이 주력 상품이 되느냐에 따라 그 효과가 달라지기 때문이다.

먼저 한 개인에 있어서 소득과 상품의 수요의 관계를 살펴보자.

한 개인의 소득이 증가하면 상품에 대한 수요는 어떻게 될까? 소득이 증가하면 상품의 수요는 증가한다. 많이 벌면 많이 쓰게 된다.

그런데 모든 상품이 그럴까? 친구들과 간식을 먹으러 갈 수 있는 곳이 오직 패스트푸드 매장과 떡볶이 분식점, 오직 두 곳뿐이라고 하자. 그리고 패스트푸드점의 상품 가격이 분식점보다 일반적으로 비싸고 맛도 좋으며 시설도 깨끗하다 하자.

나를 포함한 친구들이 부모님으로부터 용돈을 풍족하게 받았다. 즉 소득이 늘었다. 이럴 경우 어디를 갈까? 소득이 늘어난 만큼 패스트푸드 매장에 간다. 그런데 용돈이 줄어 주머니 사정의 여의치 않게 되면 어떻게 될까? 분식집을 찾게 될 것이다.

이처럼 패스트푸드점에서 파는 상품의 경우 소득이 증가하면 수요 또한 증가하고, 소득이 줄게 되면 그 상품의 수요 또한 줄게 된다. 그런데 떡볶이 분식점의 상품의 경우는 이와 반대다. 소득이 증가하면 수요가 감소하고, 소득이 감소하면 수요가 증가한다.

이처럼 소득이 늘어난다 해서 모든 상품의 수요가 증가하는 것은 아니다. 상품에는 다른 조건이 불변일 때, 소득이 증가함에 따라 수요가 증가하는 상품인 '정상재normal good'도 있지만, 반대로 소비자의 소득이 증가할수록 수요가 감소하는 상품인 '열등재inferior good'도 있다.

정상재와 열등재

대표적인 정상재는 스파게티, 옷, 가전 제품, 자동차 등을 들 수 있다. 소득이 늘수록 수요가 증가하는 상품이다. 대표적인 열등재는 라면, 연탄 등을 들 수 있다. 소득이 줄면 저렴한 식사 대용식이나 싼 연료 등의 소비가 는다.

질문 : 다음 중 국가의 입장에서 어떤 산업을 육성시키는 것이 국가의 발전에 유리할까?

1 소득이 늘어나면 그만큼 빨리 수요가 증가하는 상품을 생산하는 산업
2 소득이 늘어나면 수요가 감소하는 상품을 생산하는 산업

　잘 판단이 안 된다면 앞서 우리가 앞서 살펴본 국민 경제의 흐름도와 리카도의 비교 우위론을 다시 보고 선택해 보자.

　국민 경제의 흐름도와 비교 우위론 모두 결론은 마찬가지이다. 영국은 포도주를 생산하는 데 들어가는 비용이 120이었지만, 포르투갈의 포도주를 수입할 수 있기 때문에 20만큼의 생산비를 아낄 수 있다. 그리고 20만큼의 절약한 돈을 다시 경쟁력 있는 산업인 옷감 산업에 투자할 수 있다. 그러면 투자가 늘었기 때문에 생산 설비가 늘어난 만큼 고용도 늘게 된다. 그러면 당연히 고용이 늘어난 만큼 구성원의 소득도 늘어난다. 국민 경제의 흐름도에서도 마찬가지이다. 국민 경제의 순환 과정에서 절약한 돈만큼 투자가 늘고, 일자리도 증가한다. 일자리가 늘어난 만큼 소득도 증가한다.

　그러면 답은 당연히 1번이다. 소득이 늘어난 만큼 수요도 빨리 증

가하는 상품을 육성시키는 것이 국가 발전에 있어 더 빠르고 효과적이다. 소득이 늘어난 만큼 수요가 빠르게 늘고, 수요가 늘어난 만큼 공급이 늘고, 공급이 늘어난 만큼 기업의 이윤도 늘고, 기업의 이윤이 늘어난 만큼 재투자가 이루어지고, 결과적으로 국민 소득은 더 효과적으로 늘어난다. 이처럼 소득이 증가하는 속도만큼 빠르게 수요가 증가하는 상품을 '수요의 소득 탄력도가 높은 상품'이라 한다. 따라서 소득 탄력도가 높은 상품을 주력 산업으로 하는 국가가 무역을 통한 발전에 유리하다는 것을 알 수 있다.

이제 세계 자유 무역에 참여한 가상의 두 국가가 있다고 치자. 나루토가 사는 불의 나라와 가아라가 사는 바람의 나라다. 나루토가 사는 불의 나라의 주요 산업은 소득이 증가하는 속도만큼 수요가 빠르게 증가하는 상품(소득 탄력도가 높은 상품)이다. 반면 가아라가 사는 바람의 나라는 소득이 늘어나는 속도에 비해 수요가 느리게 증가하는 상품(소득 탄력도가 낮은 상품)을 주로 생산한다.

그럼 어떤 상품이 소득 탄력도가 높은 상품일까? 정보, 통신, 생명 공학 등과 같이 첨단 과학 기술이 결합된 상품들이 대부분 소득 탄력도가 높은 상품이다. 이런 산업을 주력 산업으로 선점하고 있는 국가들은 어떤 국가인가? 선진국들이다.

반대로 소득탄력도가 낮은 상품을 생산하는 산업들은 어떤 산업일까? 기술 경쟁력보다는 농업, 원자재 등 노동력이나 천연 자원을 토대로 상품을 생산하는 산업들이다. 이런 산업을 주력 산업으로 하는 국가들은 어떤 국가들인가? 대부분 개발 도상국들이다.

이제 두 국가가 무역에 참가했을 때 어떤 효과를 볼까?

나루토가 사는 불의 나라는 선진국이기 때문에 소득이 증가해서 그 효과가 기업에게 빨리 전달되면 될수록 기업은 더 많은 상품을 공급하기 위해 투자를 할 것이다. 새로운 공장이 가동되면 그만큼 더 많은 사람이 고용될 것이고, 따라서 경제는 계속 발전과 성장을 하는 효과를 얻게 된다.

그러나 가아라가 사는 가난한 개발 도상국인 바람의 나라는 소득이 증가하는 속도에 비해 느리게 수요가 증가하는 산업이 주요 산업이기 때문에 성장과 발전은 그만큼 느릴 수밖에 없다. 그래서 바람의 나라에 있는 마을은 불의 나라의 마을과 달리 더 가난하게 된다.

우리는 무역이 국가 발전에 도움이 되는 나라와 그렇지 않은 나라가 구분됨을 보았다. 만약 우리가 국가 지도자라고 한다면 자국의 주요 산업이 어떤 산업이 되길 원할까? 당연히 소득이 증가하는데 비례해 수요가 증가하는 상품을 생산하는 국가가 되기를 원한다. 그러나 이미 그 산업은 선진국이 선점하고 있다. 그래서일까? 노

부자 나라와
가난한 나라

2011년 프랑스에서 열린 G20(세계 주요 20개국 회의)
회의장 근처에 세계화를 반대하는 시위대들이 내건
현수막 사진이다. 사르코지 전 프랑스 대통령의
사진 옆으로, 아프리카 어린아이의 사진이 있고,
그 아래에는 "나는 배가 고파요."라는 문구가 쓰여
있다. G20 회의는 경제 선진국의 수장들이 참석해
경제 현안과 협력 방안을 논의하는 자리인데,
전 세계에서 몰려든 각국의 시민 단체들은 이들에게
세계화의 어두운 면을 보라고 요구했다.

벨 경제학상을 수상한 경제학자 조지프 스티글리츠는 세계화와 자유 무역에 대해 다음과 같이 말한다.

> 저개발국에 대한 자유 무역은 도움이 되지 않는다. 산업이 경쟁력이 있을 정도로 충분히 성숙된 이후에야 의미가 있다. (중략) 따라서 선진국과 빈곤국이 공정하게 경쟁할 수 있도록 국가 간 규제를 다르게 적용하는 무역이 되어야 한다.
>
> — 스티글리츠, 『모두에게 공정한 무역』 중에서

우리는 비교 우위가 실현되는 세계는 리카도의 생각처럼 그리 쉽지 않음을 알 수 있다. 결국 개발 도상국은 자본주의 시장에서 가장 낮은 분업을 담당한다. 무역의 효과는 적고, 선진국에 대한 의존도는 높아진다. 어쩌면 선진국들은 계속 싼 가격에 원료를 공급받기를 바랄 것이다. 그래서 개발 도상국들의 발전을 원하지 않을 것이다. 개발 도상국의 발전은 개발 도상국 노동자의 소득과 임금을 상승시킬 것이다. 그렇게 되면 값싼 원자재는 공급받을 수 없다. 다만 이들 개발 도상국들이 자본주의 분업 구조에서 저개발 상태로, 따라서 저임금 상태로, 그래서 오래 오래 싼 가격에 원료를 공급해 주는 역할만을 하는 것을 원할지도 모른다.

앞서 디오게네스는 자신이 세계인이라고 말했다. 우리도 세계인이다. 그런데 우리는 선진국에 포함된 세계인인가? 아니면 개발 도상국에 포함된 세계인인가? 우리는 쉽게 우리 스스로 세계화 시대를 살아가는 세계인이라고 말하지만, 그 세계인들이 처한 상황은 다를 수 있다.

세계화,
비정규직과 빈곤의 시대

세계화는 세계 각 국가와 시민들에게 풍요로움을 약속했으나, 현실은 그렇지 않았다. 오히려 일부 선진국을 제외한 가난한 개발 도상국들에게는 생존권의 문제를 고민하게 한다.

앞서 우리는 리카도의 비교 우위론이 세계화의 바탕이 되는 원리임을 살펴보았다. 각 국가는 자신들이 경쟁력 있는 상품을 생산하는 산업을 전문화하여 세계 무역 시장에 참여했다. 영국은 옷감 산업, 포르투갈은 포도주 산업처럼.

그럼 여기서 질문! 영국의 포도주 산업은 어떻게 해야 할까? 그리고 포르투갈의 옷감 산업은 또 어떻게 할까? 리카도의 답변은 영국의 포도주 산업과 포르투갈의 옷감 사업은 정리해야 한다는 것이다. 영국은 옷감 사업, 포르투갈은 포도주 산업에 투자를 집중해야 한다.

그런데 문제가 발생한다. 영국의 포도주 산업과 포르투갈의 옷감 산업에 종사하던 수많은 사람들은 어떻게 될까? 일자리를 잃는다. 당장 먹고 사는 생존권의 문제가 발생한다.

물론 이 문제에 대해 이론적으로는 해법이 있다. 그 해법이 뭘까? 영국은 옷감 산업이 발전하게 될 것이다. 그리고 옷감 산업에 집중하면서 얻은 이윤을 다시 옷감 산업에 투자하면서 생산 시설이 더 확대될 것이다. 기업과 생산 설비가 늘어나면 더 많은 일자리가 생긴다. 그러면 그 일자리에 포도주 산업이 정리되면서 해고되고 실업 상태에 빠졌던 노동자들이 취업하면 된다. 포르투갈 경우 또한 마찬가지다. 옷감 산업에 종사하다 실업 상태에 놓인 노동자들은 포도주 산업으로 이동하면 된다. 이론적으로는 완전한 해법이다. 그런데 이론은 이론이다. 현실은 이와 달리 냉혹하다.

질문 : 우리나라 직장인들이 은퇴를 하면 가장 많이 하는 일이 뭘까?

답 : 자영업.

실제 우리나라의 자영업 비중은 다른 여타의 국가들과 비교했을 때 아주 높은 편이라고 한다. OECD 자료에 따르면 2011년 한국의 자영업 비중은 28.2%로 OECD 평균 15.8%에 비해 약 두 배 정도라고 한다. 직장인이 그만큼 줄어들고 있다는 반증이다.

질문 : 그럼, 은퇴 후 자영업으로 바꾼 사람들은 사업에 얼마나 성공하고 실패할까?

답 : 3년 이내에 절반이 실패.

2013년 통계에 따르면 은퇴 뒤 자영업 창업 3년 이내 휴·폐업할 확률은 46.9%이었다. 1년 이내에 휴·폐업할 확률도 18.5%였다. 은퇴자들이 쉽게 창업할 수 있는 음식점업의 경우는 휴·폐업할 확률이 52.2%였다.

질문 : 그럼, 실패율이 높은 자영업 말고 직업을 바꿔 취직을 왜 안 할까?

답 : 취직이 어렵기 때문이다.

대학생들이 1학년부터 학점에 매달리는 것도, 학교 스펙을 높이기 위해 고등학생이 성적에 목매는 이유도 취직을 위해서다. 그래도

안 되는 것이 취직이다.

그뿐인가? 직업을 바꾼다는 것은 어쩌면 평생 익숙하게 살아온 생활 패턴과 사고방식을 모두 바꾸라는 말이다. 가치관도 바꿔야 하고 자신이 잘 알지 못하는 생소한 영역을 접해야 하고 그에 대한 지식을 갖춰야 한다. 평생 사무직을 하던 사람이 어느 날 갑자기 컴퓨터 프로그래머가 될 수는 없는 노릇이다. 평생 학생을 가르치던 교수가 해고 되어 갑자기 버섯 키우는 농사일을 하기는 또 얼마나 어렵겠는가?

이처럼 현실에서 직업을 바꾼다는 것은 경제학자들의 머릿속이나 책 속에서처럼 쉬운 일이 아니다. 그래서 사람들은 직업을 바꾸지 못해 자영업을 선택한다. 그리고 창업을 하고 3년 안에 절반이 휴·폐업을 한다.

'문제를 너무 과장하는 것이 아니냐?'라고 반문할 수도 있다. 하지만 아니다. 우리는 앞서 세계화와 그로 인한 과학 기술의 발전이 우리의 삶을 빠르게 변화시키는 것을 보았다.

우리나라의 산업이 얼마나 빠르게 변화해 왔는지 보자. 1970년대 우리나라가 우위를 가졌던 상품은 무엇이었을까? 수출 주력 상품을 보면 된다. 가발이나 신발 산업이었다. 그런데 이제 이 산업은 사양 산업이 되었다.

지금은 어떤 산업이 우위 상품일까? 지금은 IT나 반도체 산업으로 대체되었다. 그러면 가발이나 신발 공장에서 일하던 노동자는 IT나 반도체 공장에 취업했을까? 가발 공장이나 신발 공장에서 일하던 노동자가 IT 산업의 첨단 노동자가 되었을 가능성은 하늘의 별따기처럼 어려웠을 것이다.

그뿐만 아니다. 이 산업들은 수년을 단위로 흥망성쇠가 바뀐다. 성공하는 기업도 많았다. 하지만 그 기업들은 곧 또다시 대부분 도

산했다. 그 때문에 이 산업에 종사하는 사람들에게는 상시적인 해고와 실업이 불가피하다. 경쟁에 뒤처진 기업에 있던 노동자는 정리 해고와 실업을 감수해야 한다. 정규직이 아닌 비정규직이라도 선택해야 한다. 비정규직은 증가하고 실업자 또한 증가한다. 그리고 그로 인한 사회적 고통이 발생한다.

이것이 왜 문제일까? 리카도에 따르면 재투자가 늘 것이기 때문에 같은 산업으로 이직하면 해결된다고 보았다.

그러나 현실은 그렇지 않다. 지금 컴퓨터를 켜고 인터넷 창에서 '고용 없는 성장'이라는 검색어를 넣고 기사를 찾아보자.

가령 2011년 아시아개발은행ADB이 발행한 〈아시아·태평양 지역 국가들의 주요 지표 2011〉에서 한국은 경제 규모가 비슷한 홍콩, 싱가포르, 대만과 대비해 '국내 총생산GDP 대비 고용 탄력도'가 가장 낮았다. 여기서 GDP 대비 고용 탄력도란 GDP가 커질 때 얼마만큼의 고용이 이루어지는지 보여주는 것이다. 가령 GDP 대비 고용 탄

고용 없는 성장
기업은 성장해서 돈을 벌어들이지만, 사람들은 취직할 곳이 없는 상태. 기업이 성장을 한다는 것은 이윤을 얻고 있다는 것인데, 고용이 없다는 것은 기업이 투자를 안 한다는 것이다. 투자를 안 한다는 것은 곧 사람들이 취직할 곳이 없다는 뜻이다.

력도가 제로(0)에 가까울수록 고용 없는 성장이 된다. 주목할 점은 홍콩, 싱카포르, 대만은 모두 1990년대보다 오히려 고용 탄력도가 높아졌다는 점이다. 즉 국내 총생산이 높아진 만큼 고용 또한 늘어난 것이다. 그런데 이들 국가에 비해 한국은 오히려 낮아졌다.

발표 자료에 따르면 한국은 2004년부터 2008년까지 고용 탄력도가 0.22였다. 반면 싱가포르는 0.58, 홍콩과 대만은 각각 0.45와 0.33이었다. 이처럼 국내 총생산이 늘어 성장했어도 고용이 되지 않는 현상이 바로 '고용 없는 성장'이다.

현재 우리나라에 비정규직이 800만이라고 한다. 매년 실업률도 치솟았지만, 기업은 이윤을 얻고 성장했다. 하지만 실업 문제는 해결될 기미가 없다. GDP는 증가하고, 자동차와 반도체 산업은 매년 최대 흑자를 기록한다. 하지만 우리나라 국민은 더 빈곤하다. 리카도의 비교 우위와 세계화가 과연 우리를 풍요롭게 하는지 의문이 생길 수밖에 없다.

디오게네스는 자신을 세계 시민이라고 했다. 우리 또한 세계화 시대를 살아가는 세계 시민이다. 그런데 시민이 가진 권리 중 가장 기본적인 권리는 생존권이다. 우리는 세계 시민으로 가장 기본적인 권리라도 누리고 있는 것일까?

8

시장은
과연
혼자서
작동할까?

교환을 위한 종잇조각이
상품이 되었다.

지구의 일부이고
자연의 일부인 땅이
상품이 되었다.

그 자체로
가치와 존엄성이 있는
사람도 상품이 되었다.

자본주의 시장에는
돈과 땅과 사람이 필요했고,
국가는 세 가지를 상품으로 만들어버렸다.

시장은 국가 권력의
산물이다

오늘날 시장과 분리된 삶을 상상하기란 무척 어렵다. 우리는 삶에서 필요한 모든 물품을 시장에서 교환을 통해 얻는다. 그리고 그 시장의 규모는 전지구적으로 커져서 이제 우리는 세계화된 시장의 한가운데에 놓여 있다.

애덤 스미스 이래로 전통적인 경제학자들은 시장이 다른 누구의 도움도 필요 없이 스스로 모든 상품의 공급과 수요, 그리고 상품의 가격을 결정할 수 있다고 보았다. 어디 그뿐인가? 시장은 과거보다 더 나은 미래의 풍요를 약속하기도 한다.

그런데 대공황의 문제에서 살펴보았듯이 시장은 국가의 개입을 필요로 한다. 저축과 투자의 불일치가 장기적으로 반복되면 언제 다시 대공황이 발생할지 모른다. 따라서 국가는 끊임없이 시장이 제 역할을 하도록 개입해야 했다.

그뿐만 아니라 자본주의 시장 경제는 문화라는 또 다른 토대를 필요로 했다. 근면, 청렴, 신뢰 등 윤리 규범이 제 역할을 하지 못하면 시장 자본주의는 원활하게 기능할 수 없다. 시장이라는 것은 그 자체로 국가와 문화의 직접적 혹은 간접적 도움을 필요로 하는 것이다. 그렇다면, 시장은 과연 스스로 작동한다고 말할 수 있을까?

이번 장에서는 좀 더 근본적으로 시장이 정말 스스로 제 기능을 할 수 있는지 따져 볼 것이다. 시장은 '보이지 않는 손'의 원리에 따라 제3자의 개입이 필요 없다는 주장에 가장 강력한 비판을 한 경제학자는 칼 폴라니이다.

예를 들어 보자. 미래에서 진구와 친구가 되기 위해 과거로 돌아온 도라에몽이 진구와 만나지 못해 먹고 살 길을 찾아야 한다. 도라에몽은 마침내 고민 끝에 '한마음 초콜릿'을 만들어 팔기로 했다. 도라에몽이 '한마음 초콜릿'이라는 재화를 만들기 위해 필요한 것은 무엇일까?

일단 초콜릿이라는 재화를 생산하기 위한 공장을 세울 곳이 필

칼 폴라니

헝가리 부다페스트 대학교에서 법학과 철학을 전공했다. 자본주의 역사를 분석한 그는 산업 혁명이라는 거대한 전환을 통해 인간과 자연이 상품화되어 버렸고 사회의 전통과 미덕이 사라졌다고 파악했다. 사회가 시장에 개입해야만 인간을 위한 시장이 가능하다고 보았다.

요하다. 즉 토지가 필요하다. 다음으로 재화를 직접 만드는 사람이 필요하다. 즉 노동력이 필요하다. 마지막으로 투자할 자본, 즉 화폐가 필요하다. 따라서 토지, 노동, 화폐가 없다면 만들어지는 재화는 없다.

그럼 도라에몽은 토지, 노동, 화폐를 어떻게 마련할 수 있을까? 시장에서 구매한다. 토지는 토지 시장에서 구매하고, 노동은 노동 시장에서, 그리고 자본은 신용 여부에 따라 은행과 같은 화폐 시장에서 구매한다.

그럼 토지, 노동, 화폐는 누가 갖고 있는가? 토지는 지주, 노동은 노동자, 화폐 시장은 자본가로 나뉜다. 그래서 지주는 토지를 통해 지대를, 노동자는 노동력을 통해 임금을, 자본가는 화폐를 통해 이윤을 얻게 된다. 상품의 생산에 필요한 이 3가지 요소는 곧 지주, 노동자, 자본가라는 자본주의 사회의 주요한 3대 계급이기도 하다.

그런데 시장은 '보이지 않는 손'에 따라 얼마나 생산하고 얼마의 가격에 팔 것인지와 같은 문제를 스스로 해결할 수 있다고 했다. 그렇다면 토지, 노동, 화폐를 얻게 되는 토지 시장, 노동 시장, 화폐 시장 또한 누군가의 개입 없이 스스로 수요와 공급이 결정되어야 한다. 혹시라도 국가와 같은, 시장 외의 제3자가 수요와 공급 그리고 가격 결정에 결코 끼어들어서는 안 된다는 뜻이다.

그러나 토지 시장, 노동 시장, 화폐 시장에는 오히려 시장 외의 제3자가 반드시 개입할 가능성이 매우 높다. 그래서 칼 폴라니는 토지, 노동, 화폐를 '허구적 상품'이라고 한다. 왜 토지, 노동, 화폐는 '허구적 상품'일까?

토지는 자연의 일부이다. 자연은 원래 판매되기 위해 존재했던 요소가 아니다. 자연은 지구의 일부로 생태계의 토대로 지구의 탄생과 변화의 과정으로 우연히 현재의 모습을 가지게 된 것이다. 그런데 그 자연의 일부를 인간이 나눠 소유하고 있다. 애초 상품이 될 수 없었던 토지를 소유하고 이를 임대하는 대가로 임대료를 받고 있는 것이다. 임대료를 받는 것은 정당한가?

사람도 마찬가지다. 원래 사람은 노동을 판매하고 그 대가로 임금을 받기 위해 태어난 것은 아니다. 인간은 사물과 다르다. 사물과 달리 인간은 그 자체로 가치와 존엄성을 갖고 있다. 그런데 인간이 사물이 되고 가격이 측정된다. 정당한가?

화폐 역시 그렇다. 화폐는 그 자체로 어떤 가치도 없다. 상품과 상품을 교환하는 행위의 편의를 위해 만들어진 것에 불과하다. 그 교환을 돕는 것은 조개나 소금이기도 했다. 그런데 화폐를 많이 축적한 사람이 은행에 화폐를 맡겨 두고 그 화폐를 빌려준 대가로 이자를 받고 있다. 이자는 정당한가?

자연과 사람, 화폐는 애초부터 소득의 원천이 될 수 없는 것이다. 그런데 자본주의 시장 경제는 토지, 노동, 화폐를 애당초 상품으로 취급한다. 그래서 임대료와 같은 지대, 임금, 그리고 이자 소득을 얻는다. 토지, 노동, 화폐가 애초부터 상품이 아닌 '허구적 상품'이라고 한다면 지대, 임금, 이자 또한 허구가 될 수밖에 없다.

그럼 원래 상품이 아닌 것을 '허구적 상품'으로 어떻게 만들었을까? 산업 혁명 시기 영국에서 생겨난 세 가지 제도적 장치가 있었기 때문이다. 이는 자본주의 시장은 다른 제도와 마찬가지로 국가 권력에 의해 인위적으로 만들어진 결과에 불과하다는 것을 의미한다.

먼저 사람이 상품이 된 것은 1834년 국가에 의해 만들어진 '신구 빈법new poor law'이라는 제도 때문이다. 가난한 빈민을 구제하기 위한 이 법은 상품이 아닌 사람이 오직 노동 시장에서의 수요와 공급에 따라 임금이 정해지는 상품이 되는 중요한 계기가 됐다. 이 법은 가난한 사람이나 부랑자들 혹은 노숙인 같은 사람들을 '구빈원'이라는 곳에 강제 수용하는 것을 목표로 했다. 그러나 19세기 영국의 소설가 찰스 디킨스의 소설 『올리버 트위스트』에도 잘 묘사되어 있지만, 가난한 이들이 수감된 '구빈원'은 지옥 그 자체였다. 구빈원이 열악한 공간이 된 것은 이 법을 만든 이들이 의도적으로 그렇게 만들었기 때문이라고 한다.

구빈원의 식사 시간   런던의 한 구빈원에 수용된 여성들이 식사를 하고
있는 장면. 줄을 맞춰 앉은 모습이 구빈원의 엄격한
분위기를 엿보게 한다. 구빈원의 하루 일과는 바쁘게
돌아갔다. 아침 6시에 기상해서 30분간 아침을 먹고,
오전 7시부터 저녁까지 일을 했다. 일요일을 제외하고
주6일 동안 정해진 시간표에 따라 노동했다.

왜일까? 구빈원을 도저히 사람이 살 수 없는 곳으로 만들어 놓으면, 공장에서 열심히 일하기 위해 노력할 것이기 때문이다. 시장 경제가 원활하게 운영되기 위해서는 임금을 받고 열심히 일하는 노동자가 필요하다. 인간의 가치와 존엄성을 중시하기 이전에 임금을 받을 수 있는, 즉 취업이 되었다는 사실만으로도 기뻐하는 상품화된 인간이 필요하다.

공장에서 해고된 노동자들은 거리에서 구걸을 하거나 방황할 수밖에 없다. 결국 이들은 구빈원에 수용된다. 그런데 그곳은 지옥이다. 그럼 사람들은 어떤 판단을 하게 될까? 공장에 고용되어 열심히 일하는 것이 좋다고 생각하게 된다. 이제 국가에 의해 만들어진 이 '신구빈법'이 사람으로 하여금 고용을 선택하도록, 즉 상품화되도록 만드는 것이다.

다음으로 토지가 상품이 된 것은 1846년 영국 정부에 의해 만들어진 '곡물법 철폐'라는 제도 때문이다. 영국의 토지는 원래 농사에 적합한 토지가 아니었다. 토질이 안 좋다. 그래서 농업 경쟁력이 약했다. 그러다 보니 자국 농업을 보호하기 위해 수입 농산물에 높은 관세를 부과하는 곡물법이 오랫동안 유지되었다.

그런데 1846년, 이 법이 폐지됐다. 이는 사람이 노동자로 고용되는 상품화와 연관되어 있다. 사람이 노동자로 고용되면 임금을 받는다. 그리고 이 임금으로 생존을 위해 식량을 구매하게 된다. 그러면 임금이 높은 것이 자본가에게 유리할까, 아니면 낮은 것이 유리할까? 당연히 임금이 낮은 것이 유리하다. 그럼 임금을 낮추기 위해서는 생존에 필수적인 식량 가격이 낮아져야 한다. 그러기 위해서는 값싼 식량이 수입되어야 한다. 그래서 정부는 곡물법 폐지를 결정했다. 이 조치는 농촌의 급격한 황폐화로 이어졌다.

그런데 이것이 토지의 상품화와 어떤 연관이 있을까? 예를 들어 보자. 한국 경상도 대구에서 생산되는 쌀은 1가마에 8만 원이다. 반면 미국 캘리포니아에서 생산되는 쌀은 2만 원이다. 그렇다면 한국 경상도에 있는 대구 땅은 유지될 이유가 없다.

대구 땅의 수익성이 전혀 없기 때문이다. 그래서 사람들은 "대구 땅은 부동산일 뿐이다. 가치가 떨어지면 사라지는 게 마땅하다."라고 생각할 것이다. 실제 당시 영국에서 곡물법 폐지를 주장하던 정치가이자 자본가인 리처드 코브던은 이렇게 말한다. "농촌이라고 별 것 있나? 수익성을 좇는 비즈니스일 뿐이야." 즉 곡물법 폐지로 인해 토지는 이제 시장 원리에 따라, 수익성 여부에 따라 가치가 평가되는 것이다.

그럼 가치가 높은 땅은 어떻게 될까? 당연히 비싼 가격을 갖게 된다. 반대로 가치가 낮은 땅은? 당연히 낮은 가격을 갖게 된다. 이제 토지는 시장에서 거래되는 상품이 된 것이다. 사람과 마찬가지로 정부의 정책에 의해 상품으로 취급받게 되는 것이다.

마지막으로 화폐가 상품이 될 수 있었던 것은 왜일까? 이 역시 국가의 개입을 통해 가능한 것이었다. 원래 화폐는 물물 교환을 돕는 역할을 하는 것이었다. 화폐는 상품을 쉽게 교환할 수 있도록 하는 것이었지 그 자체로는 가치가 없는 것이었다.

그런데 국가는 이 화폐에 가치를 부여한다. '금 본위 제도'가 그것이다. 1844년, 영국은 금 본위 제도를 제정한다. 앞서 살펴보았듯이 금 본위 제도는 국가가 보유하고 있는 금의 양에 따라 화폐 통화량을 결정하던 제도다. 예를 들어 어떤 한 나라가 금을 1억원 만큼 갖고 있다면, 이 국가는 1억원 만큼의 화폐만을 만들 수 있는 것이다.

이에 따라 교환을 돕던 매개체에 불과했던 화폐가 정말 그만큼의 금으로 교환된다. 화폐가 금으로 교환된다는 것은 다시 말해 가치를 갖고 있는 상품과 마찬가지가 되었음을 의미한다. 그 결과 화폐는 단순히 빌려줄 수 없게 되었다. 자본주의 이전 시기, 즉 기독교가 지배했던 유럽의 중세나 유교가 지배했던 한국의 조선 시대 모두 이자를 받는 것은 탐욕스러운 행위로 취급되어 윤리적인 지탄의 대상이 되곤 했다. 그러나 화폐가 금으로 교환되는 상품으로 취급되면서 화폐를 통해 이윤을 추구하는 행위인 '이자를 받는 행위'도 당연시되었다. 이제 화폐는 엄연히 독자적인 상품으로 취급받게 되고 화폐로 이윤을 추구하는 행위도 정당화된다.

자본주의 시장 경제는 토지, 노동, 화폐라는 토대를 필요로 한다. 토지, 노동, 화폐는 원래 상품이 아니었다. 그래서 시장 경제 체제가 필요로 하는 토지, 노동, 화폐가 상품이 되기 위해서는 제3자의 개입을 필요로 했다. 그 제3자가 바로 '국가'였던 것이다.

노동 시장, 토지 시장, 화폐 시장이 시장 경제에 '필수적'이라는 점은 의심할 여지가 없다. 하지만 인간과 자연이라는 사회의 실체와 경제 조직이 보호받지 못한 채 그 '악마의 맷돌'에 노출된다면, 어떤 사회도 무지막지한 상품 허구의 경제 체제가 몰고 올 결과를 한순간도 견뎌 내지 못할 것이다.

— 칼 폴라니, 『거대한 전환』 중에서.

국가에 의해
만들어진 시장

이처럼 칼 폴라니는 시장에 대한 환상을 분석했다. 그 효과는 무엇일까? 자본주의 시장 경제 체제에서 일하는 사람은 임금을 받는다. 하지만 노동자는 역설적이게도 국가의 개입에 의해 항상 빈곤과 불안에 시달릴 수밖에 없는 것이다. 영국에서는 곡물법 폐지 사례가 될 것이고, 아마 이와 유사한 최근의 사례를 찾자면 FTA 농업 시장 개방일 것이다. 2015년 우리나라 농업 시장은 전면 개방된다. 시장 옹호론자들의 예상처럼 시장이 제대로 작동하도록 내버려만 두면 모두가 풍요로운 사회가 되고 부도 증대될까? 시장 옹호론자들의 예상에는 적어도 농업에 종사하는 사람들은 포함되지 않을 것이다.

우리가 살펴본 것처럼 원래부터 시장 경제 체제는 국가에 의한 적극적 개입에 의해서 인위적으로 만들어진 사회적 공간이다. 그런데도 오늘날 유독 경제 영역만은 정치·문화 영역과 달리 합의를 통해 바꿔 나갈 수 없는 이유는 무엇일까?

그것은 어쩌면 시장은 제3자인 국가의 개입이 없어야 한다는 사회적 통념을 확산시키고 이 통념을 통해 이득을 보는 누군가가 있기 때문은 아닐까?

경제와 시장 또한 사회의 일부라면 사회 구성원의 소통·도움·합의 등에 의해 얼마든지 다양한 방식으로 존재할 수 있어야 한다. 예컨대, 이윤과 경쟁을 통해 승자가 독식하는 시장만 존재하는 것이 아니라 사회 구성원들의 합의를 통해 서로의 협력 속에서 사회적 약자도 공평하게 생존할 수 있는 시장도 얼마든지 가능해야 한다.

그러한 가능성이 과연 존재할까?

우리가 본 것처럼 시장은 자연발생적이고 스스로 작동하는 것이 아니었다. 시장이 그럴 것이라는 생각은 애덤 스미스의 착각이었다. 지금 우리가 살고 있는 자본주의와 시장은 국가에 의해 만들어진 산물이다. 그래서 시장은 사회 구성원들이 합의한다면 애초 국가에 의해 만들어진 것처럼 다시 국가에 의해 조정 가능하다.

조선 시대로
날아가면
부자가
될 수 있을까?

9

아침이다!

세수하고 양치는 하지만,

치카
치카

아침식사는 못한다.
지각하면
안되기 때문이다.

감기 기운이
있지만
회사를 빠지면
안된다.

회사에서는
딴짓을 하면 안된다.

점심시간인
12시부터 1시까지만
딴짓을 할 수 있다.

중2병을 앓는 우리와
기성세대

앞서 우리는 시장 경제가 수요와 공급의 원리, 상품의 교환, 화폐, 기업 등의 경제 원리와 요소만으로 작동하는 것이 아니라 국가의 법과 제도의 산물임을 살펴보았다.

그런데 시장은 국가만을 필요로 하는 것이 아니다. 자본주의 시장 원리는 또 다른 영역의 도움을 필요로 한다. 바로 문화다.

그럼 왜 문화가 자본주의 경제의 밑바탕이 되는 걸까? 먼저 문화의 기본적 개념부터 먼저 확인하고 가자. 문화란 생활 양식 혹은 생활하는 방식이다. 생활 양식이나 생활 방식이란 말도 약간 어렵다.

사례를 들어보자. 부모님에게 청소년들이 가장 많이 듣는 말이 "제발 공부 좀 열심히 해라!"라는 말이라고 한다. 그러면 이 말을 들은 청소년들이 가장 많이 하는 답변은? "알아서 할 거야."라는 답이라고 한다.

최근 사춘기를 표현하는 또 다른 말이 '중2병'이란 단어다. 북한

이 함부로 남침을 하지 않는 이유가 중2병을 겪고 있는 청소년들을 두려워해서라고 한다.

친구들과 대화를 하면 잘 통하고 속이 후련한데, 부모님과는 대화가 잘 이루어지지 않는다고들 한다. 왜 일까? 서로 다르기 때문이다. 뭐가 다른 것일까? 세대와 문화가 다르기 때문이다.

먼저 청소년의 문화, 생활 방식을 보자. 공부를 열심히 하고 나서 휴식 시간이 주어지거나 시험이 끝나고 나면 친구들과 무엇을 하는가? 많은 이들이 드라마, 스포츠 중계, 혹은 영화, 게임을 즐기곤 한다. 이렇게 행동하는 방식을 어렵게 표현하면 생활 양식, 그리고 좀 더 어렵게 표현하면 문화이다.

만약 친구들과 다른 생활 방식으로 행동하고 생각한다면? "쟤는 왜 그러냐?"라는 따가운 시선을 받기 십상이다. 그런 점에서 생활 방식은 생각하는 방식이자 동시에 생활의 규범과 윤리이기도 하다.

그렇기 때문에 10대 청소년의 생활과 20대, 30대, 40대, 50대가 하는 생활이 다르다. 이를 생활 규범의 차이라고 말해도 무방하다. 당연히 세대 간 문화의 차이라고 해도 된다. 그런데 문화는 이처럼 다르기만 할까? 아니다. 같은 점도 있다. 무엇이 같을까?

국가 단위로 비교의 범위를 조금 넓혀 보자. 한국과 미국이다. 두 나라의 국민들의 생활 방식은 같은가? 한국과 미국을 기준으로 했을 경우, 두 나라 국민들의 문화는 다르다. 한국과 미국인은 식습관부터 시작해서 행동하는 방식과 생각하는 방식이 무척 다르다.

그런 점에서 우리는 세대별로 다른 문화를 갖고 있지만 같은 점도 갖고 있다. 즉 10대, 20대, 30대 등 세대별로 문화가 달랐던 우리들은 한국인이라는 점에서 동일한 생활 방식, 즉 동일한 문화를 갖고 있다. 쉽게 말하면 아버지와 나는 세대 차이가 있지만 한국인으로는 동일한 생활 방식을 갖고 있는 것이다.

정리하자. 문화란 어떤 사회(한국 혹은 미국) 또는 집단의 구성원(10대 혹은 대학생)이 주변 환경에 적응하면서 생활해 나가는 행동 양식 및 사고방식인 것이다. 그래서 인류 전체에 공통적인 생활 방식도 있고, 국가와 민족 간에 서로 다른 생활 방식도 있다. 그런데 문화가 경제에서 왜 중요한가? 이제 그 답을 찾아보자. 해답을 찾기 위해 약간의 상상력이 필요하다.

경제를 움직이는 힘, 문화

타임머신을 타고 과거 조선 시대로 돌아가자. 그랬을 때 우리는 엄청난 부를 축적할 수 있을까? 일단 가능해 보인다. 조선 시대의 상품이라고 해봐야 그리 다양하지 않다. 신발만 하더라도 몇 가지 종류밖에 없고, 잘만 하면 최근 유행하는 기능성 운동화 비슷한 상품 하나만 잘 만들어 팔더라고 부자가 되는 것은 시간 문제인 듯하다.

그러나 조금만 곰곰이 생각해 보면 그리 단순하지 않다. 운동화 공장을 만들라 치면 기계를 마련해야 한다. 운동화 공장을 운영하기 위한 기계는 어디서 구해야 하나? 조선 시대에는 그 기계를 만드는 공장도 없고, 따라서 파는 시장도 없다.

운동화 만드는 재료는 어디서 구할 것인가? 대부분의 운동화에는 고무가 들어간다. 그 고무 원료는 어디서 마련해야 하나? 그리고 공장을 움직이는 데 필요한 전기는 어떻게 할 것인가? 이도 저도 다 포기하게 되면 결국 조선 시대에 신발을 만드는 재료를 가지고 신발을 만들 수밖에 없다. 그러면 선택할 수 있는 상품은 다음 두 가지 중 하나일 것이다. 1번 짚신, 2번 가죽신. 그런데 이 상품은 이미 조선 시대에 장인들이 만들어 팔고 있는 것이다. 내가 과연 성공한 자본가가 될 수 있을까? 이처럼 우리가 현재의 지식을 가지고 타임머신을 타고 조선 시대로 돌아간다고 해도 자본가로 성공하기가 말처럼 쉬운 일이 아니다.

그럼 재밌는 상상 하나를 더 해보자. 정말 운이 좋게도 타임머신의 기능이 좋아져서 운동화 공장을 통째로 옮길 수 있게 되었고 운영에 필요한 원료도 충분히 가지고 갈 수 있게 되었다. 그리고 그 공장의 기계들은 전기가 필요 없다. 스스로 자가 발전해 움직이는 기계이기 때문이다. 이런 조건으로 타임머신을 타고 조선 시대로 돌아간 우리는 성공한 자본가가 될 수 있을까?

이 질문에 대한 답도 부정적이다. 그 이유가 바로 우리가 찾고자 하는 자본주의 경제의 밑바탕이 되는 생활 양식, 즉 문화와 연관되어 있다.

일단 공장을 옮기는 데 성공해 조선 한양에 공장을 설립했다. 관청의 허가도 운 좋게 받았다 하자. 그런데 공장을 운영하려면 누가 필요한가? 바로 공장에서 일하는 노동자들이다.

그럼 내가 타임머신으로 이동시킨 신발 공장에서 일하는 노동자들은 어떤 계층에 속한 사람들일까? 양민이나 농민 출신이 대부분일 것이다. 양반의 경우 출셋길이 열려 있기 때문에 공장에 취업하려 들지 않을 것이다.

공장에 취업한 양민이나 농민이 노동자 역할에 적합할까? 노동자의 역할에 적합하기 위해 갖춰야 하는 것은 무엇일까? 직업윤리이다. 의사라고 한다면 환자를 성심성의껏 최선을 다해 치료해야 한다. 학교 선생님은 학생을 가르치는 데 최선을 다해야 하고, 유람선의 선장은 승선한 사람들이 안전하게 목적지에 안전하게 도착할 수 있도록 최선을 다해야 한다. 이처럼 직업윤리란 말 그대로 어떤 직업에 종사하는 사람이 마땅히 지켜야 하는 행동 규범을 말한다.

그럼 노동자에게 필요한 직업윤리란 어떤 것일까?

제일 중요한 직업윤리는 부지런함과 근면성이다. 매일 정시에 출근해 정시에 퇴근하는 아버지를 떠올려 보자. 웬만한 일이 아니라면 회사를 빠지지 말아야 한다. 몸이 약간 아프다고 해서 회사를 빠져서도 안 된다. 가끔은 야근도 큰 불평 없이 감수하는 것이 필요하

다. 노동을 해야 하는 시간에는 집중해서 맡은 일에 열중해야 한다. 일해야 하는 시간에 컴퓨터 게임을 하거나 친구와 약속을 잡고 카페에서 수다를 떨며 놀아서는 안 된다. 아마도 노동자에게 필요한 직업윤리 중 제1덕목을 꼽으라고 한다면 그것은 근면성일 것이다. 만약 노동자가 근면하고 부지런한 것을 덕목으로 갖고 있지 않고 게으름을 덕목으로 한다면 그 회사는 곧 망하고 말 것이다.

그런데 조선 시대 농민들의 생활 방식은 근면함과 부지런함을 덕목으로 삼고 있지 않았다. 조선 시대 농민들의 생활 방식은 오늘날 노동자의 생활 방식과 매우 달랐다. 오늘날 노동자에게 요구하는 근면함은 어떤 것일까? 주어진 목표를 정확한 시간에 정확하게 수행하는 근면함을 말한다. 즉 짧게는 1분, 1초, 길게는 1시간 단위로 해야 할 과제와 목표를 정확히 수행할 수 있어야 한다.

이를 잘 보여주는 영화가 있다. 바로 찰리 채플린의 〈모던타임즈〉라는 영화다. 이 영화는 노동자에게 필요한 근면함과 부지런함이 무엇인지 잘 보여준다. 긴 컨베이어 벨트에 노동자들이 늘어서 있다. 왼쪽 끝에서 노동자가 나사를 돌리면, 그 옆의 노동자는 망치질을 한다. 이 와중에 한 명이라도 컨베이어 벨트가 움직이는 속도를 못 맞추고 작업을 놓치게 되면 일순간 모든 작업은 엉망이 된다.

잠시 화장실을 가야할 때면 공장에 비치되어 있는 시간표에 표

산업 혁명 시기의
방직 공장

산업 혁명 시기의 작업 환경은 열악했다. 방직 공장에는 통풍이 잘 안 돼서 노동자들은 미세 먼지와 분진을 아무 보호 장비 없이 마셔야 했다. 이런 환경 속에서 남자들은 하루 17~18시간, 여자들(임신부도 포함)은 14~15시간을 일했다. 심지어 아동들도 평균 12시간 정도 노동해야만 했다. 더구나 아동들은 작업 중간에 공장의 기계가 먼지와 분진으로 인해 멈추지 않도록 기계 구석구석을 청소해야만 했다. 당연히 사고로 인해 산업 재해가 많이 발생했고, 성장기 아동들은 척추나 무릎 등이 굽거나 휘어졌다고 한다.

시를 해야 한다. 갈 때의 시간과 다시 공장에 돌아올 때의 시간을 정확히 체크해야 한다. 어쩌면 의미 없는 시간일 수도 있는 1분, 1초의 차이를 정확히 기록한다. 오늘날 노동자에게 근면함이란 공장의 주인이 원하는 방식대로 상품을 생산하는 시간과 속도에 맞춰 자신의 노동을 집중해서 일하는 태도를 말한다.

우리는 늦잠 잔 날 아침 학교에 지각을 하지 않기 위해, 1분이라도 늦지 않기 위해 허겁지겁 아침 식사도 대충 거르고 학교를 향해 뛰어가곤 했던 경험이 있다. 직장인들도 회사에 늦지 않기 위해 지하철역으로 뛰어가는 모습을 보곤 한다. 이 경험과 모습들이 1분 단위로 쪼개진 시간 속에서 정확한 시각을 지키기 위해 근면함과 부지런함을 실천하는 현실의 사례들이다.

그런데 조선 시대의 농민들은 이런 삶의 규범이나 생활 태도를 갖고 있지 않았다. 즉 우리와 문화가 다른 것이다. 이들은 어떤 삶의 방식이나 생활 태도를 갖고 있었을까? 아래는 100여 년 전 신문인 〈매일신보〉에 실린 사설의 내용이다.

오호라 우리 조선인은 시간을 중시하는 자 희소하다. 의사, 연회 등 제반
사항을 약속한 당시에는 보통 모일某日이라 정하고 모일모시에 정확한 약

속도 없어서 만약 모일이 되면 아침부터 오는 사람들도 있고 저녁에 오는

사람도 있다.

— 〈매일신보〉, 1911년 5월 11일자 사설 중에서

이 신문 사설을 보면 당시 조선인들의 생활 방식을 알 수 있다. 약속을 정할 때 예를 들어 화요일로 정하지만 정확한 시간을 잡지 않아서 아침에 오는 사람과 밤에 오는 사람도 있다는 것이다. 오늘날 우리가 볼 때 당시 조선인들은 심각할 만큼 시간 개념이 없다.

조선인들은 왜 우리와 다른 시간 개념을 갖고 있을까? 당시 조선은 농경 사회이다. 그래서 현대인처럼 1분, 1초를 중시하는 삶의 방식은 필요 없었다. 이는 조선 시대에 하루를 나누는 방식만 봐도 알 수 있다. 조선 시대는 지금처럼 1시간 단위로 24시간으로 나뉘는 것이 아니라 약 2시간 단위로 12시간이 하루였다. 그리고 하루보다 더

매일신보

일제 강점기 동안 발행된 조선 총독부의 기관지. 1904년 영국인 베델이 창간한 〈대한매일신보〉를 1910년 일제의 조선 통치 기구인 조선 총독부가 사들여 〈매일신보〉라는 이름으로 발행했다. 1920년 초까지 〈매일신보〉가 일제 강점기의 유일한 한국어 일간지여서 연구 자료로 많이 활용된다.

중요한 것은 더 긴 시간 단위인 '달月'이었다. 중요한 것은 언제 씨를 뿌리고 언제 제초 작업을 해야 하는지 등이었다. 그리고 가장 중요한 것은 역시나 언제 거두어야 하는지 정도였을 것이다.

고등학교에서 배우는 『농가월령가』는 언제 어떤 일을 해야 하는지를 보여주는 일종의 작업 교본이다. 그중 6월령에는 젊은이가 이 시기에 해야 할 일이 무엇인지 정리되어 있다. 당시 문화를 엿볼 수 있는 대목이다.

젊은이 하는 일이 김매기뿐이로다. 논밭을 번갈아 삼사차 돌려 맬 때 그 가운데 목화밭은 더욱 힘을 써야 하니 틈틈이 나물 밭도 김매 주고 잘 가꾸소. (중략) 때마침 점심밥이 반갑고 신기하다. 정자나무 그늘 밑에 앉을 자리 정한 뒤에 점심 그릇 열어 놓고 보리 단술 먼저 먹세. 반찬이야 있고 없고 주린 창자 채운 뒤에 맑은 바람 배부르니 낮잠이 맛있구나. 농부야 근심 마라 수고하는 값이 있네. (중략) 해진 뒤 돌아올 때 노래 끝에 웃음이라 자욱한 저녁 내는 산촌에 잠겨 있고 달빛은 아스라이 발길을 비추누나.

— 『농가월령가』 6월령 중에서(현대어로 바꿈)

열심히 땀 흘려 일하지만 오늘날 노동자들의 시간표와는 너무 다르다. 그런데 원래 농사 일이 그렇다. 1분 1초 단위로 빠르게 속도를 높인다고 되는 일이 아니다. 자기 체력에 맞게 천천히 해야 하고 힘들다 싶으면 낮잠도 자며 자신이 알아서 체력을 보충하기 위해 쉬엄쉬엄 일을 해야 한다.

그런데 1분에 신발 1개를 생산할 수 있고, 신발 1개를 생산하는 만큼 1만 원씩 이윤이 남는 공장 주인의 입장에서 노동자들이 쉬엄쉬엄 쉬면서 일한다면 어떤 느낌을 받게 될까? 아마도 무척 게으르고 무책임한 노동자라고 생각하게 될 것이고 해고를 맘먹게 되지 않을까?

이제 앞서 던진 질문에 대한 답을 내려 볼 때다. 애초의 질문은 이것이었다. 우리가 타임머신을 타고 공장을 운영할 수 있는 완벽한 조건으로 조선 시대로 돌아간다면 성공한 자본가가 될 수 있을까?

그 답은 불행히도 아니다. 왜냐하면 내가 고용한 사람들이 오늘날 노동자의 생활 방식과 생활 규범(직업 윤리)을 갖추고 있지 않기 때문이다. 즉 문화가 다르기 때문이다. 내가 고용한 노동자들은 현

농가월령가
조선 시대 헌종 때, 정학유(丁學游)가 쓴 장편 가사. 당시 조선의 농가에서 행해진 농사법과 각종 시기별 풍속을 엿볼 수 있는 작품이다.

대인이 보기에 매우 느리고 게으르게 일할 것이고, 조금만 힘들면 쉬려고 하고, 낮잠을 자려고 할 것이다.

아무리 더 빨리 일하라 닦달을 해본 듯, 그들은 나의 생각과 지시를 이해하지 못할 것이다. 만일 내가 노동자들에게 더 압박을 가한다면 곧 공장 문을 나서며 나에게 이별을 고할 것이다. 내가 더 좋은 임금 조건을 제시한다 해도 편하고 익숙하게 살아온 방식으로 살고자 할 것이다. 왜냐하면 그렇게 살아왔고 그렇게 일해 왔기 때문이다.

이제 우리는 중요한 결론을 하나 내릴 수 있다. 자본주의 시장 경제는 단순히 시장 경제 원리와 요소로 작동하는 것이 아니다. 무엇보다 주어진 목표를 정확한 시간에 정확하게 수행하는 근면함을 갖춰야 한다. 즉 짧게는 1분, 1초, 길게는 1시간 단위로 해야 할 과제와 목표를 정확히 수행하는 생활 습관이 있어야 한다. 그렇지 않으면 자본주의 시장 경제는 작동할 수 없다. 자본주의 시장 경제를 작동하게 하는 힘. 그것이 생활 방식, 생활 습관, 즉 문화의 힘이다.

베짱이는
어떻게
개미가
되었을까?

10

근대 학교는
규율과 규범에 따르는
근면하고 부지런한 사람이
되도록 가르쳤다.

학교는
어떻게 탄생했을까?

이제 베짱이처럼 살던 사람들이 어떻게 개미처럼 살게 되었는지를 살펴볼 차례이다. 이 과정에서 중요한 역할을 한 것은 학교와 같은 교육 기관이다. 학교는 베짱이처럼 살던 사람들을 개미처럼 자본주의적으로 노동하기에 적합한 사람으로 바꿔 놓았다. 그럼 어떻게? 약 110년 전 〈독립신문〉 기사를 보자.

영어 학교에서 학도의 공부하는 시간을 매일 오전 아홉시로 정하고 만일 늦게 오는 학도가 있으면 매 명에(모든 사람에게) 벌금 십 전씩 물리고 혹 무고이(무단으로) 올 날을 아니오는 학도가 있으면 매 명에 벌금 십오 전씩 물리는 고로 형세 구차한 학도들은 매우 감당키 어렵다고 하나 학교에 규칙이 엄하여야 학도들이 마음을 게을리 아니 먹고 정한 시간 안에 진즉들 다닐 터이니 영어 교수 헐치신 씨의 학교에 규칙을 이렇듯이 엄하게 세운 일은 공부에 유익할 터이니 매우 치하할 만하더라.

— 〈독립신문〉, 1897년 1월 30일자.

이 당시는 조선이 근대의 문물과 교육 제도를 받아들이던 때다. 이 기사를 보면 당시 조선의 봉건적 교육 제도에는 없던 점이 무엇인지 알 수 있다. 그리고 받아들이고자 했던 근대 서구 교육 제도의 특징을 알 수 있다. 무엇일까? 바로 학생에 대한 엄한 규칙이다.

헐치신이라는 외국 선생은 등교 시간을 정해 놓고 늦으면 높은 벌금을 내게 하면서 학생들로 하여금 시간을 엄격히 지키게 한다. 기사는 바로 이 영어 학교의 '헐치신'이라는 외국 선생이 엄한 규범으로 학생들을 교육하고 있음을 치하하고 있다.

실제로 외국 선교사에 의해 설립된 조선 최초의 근대 학교 중 하나인 배제학당의 학칙은 아예 이를 명문화하고 있다.

실제 서구에서는 영국을 필두로 하여 1770년경부터 학생들에게 엄격한 교육을 시킬 것을 정부에 요구하고 교육 제도를 변화시켰다. 그럼 왜 학생들에게 엄격한 교육을 요구했을까? 그 이유는 1700년대 영국이나 1890년대의 한국이나 동일했다.

먼저 영국이 어린 학생들에게 엄격한 교육을 하려 했던 이유는 규범과 규칙에 대한 교육 없이 어른이 되어 취직한 노동자의 모습 때문이었다. 당시 영국 노동자들은 열심히 일하는 것에는 관심이 없고 음주와 유희에 더 관심을 많이 가졌다. 전날 음주로 출근을 하지 않고 연락 없이 회사를 빠지기 일쑤였다.

그럼 당시 영국 공장주는 어떤 해법을 고안했을까? 먼저 양심의 가책을 느끼게 하는 방법을 썼다. 공장주는 관리자로 하여금 노동자를 관찰·감시하게 했다. 제시간에 맞춰 규칙적으로 출근하는 노동자는 격려하고 칭찬한다. 그래서 지각하는 노동자는 자신이 잘못 행동하고 있음을 계속 느낄 수 있도록 했다.

그래도 계속 지각하는 노동자는 어떻게 했을까? 바로 감시와 처벌의 방식이었다. 제시간에 오지 않고 계속 지각을 하면 늦은 만큼 임금을 삭감했다. 늦은 것에 대해 상응하는 처벌을 하는 것이다.

그리고 노동자들이 하루 일과 동안 빈둥거리지 않는 방법을 고안했다. 즉 일을 하는지 계속 감시할 수 있는 방법을 고안한 것이다. 바로 출근 시간 기록기이다. 이 출근 시간 기록기는 앞서 소개한 영화 〈모던타임즈〉에서 주인공이 화장실을 오가며 사용하는 장면에서 확인할 수 있다.

이를 통해 노동자가 공장에서 열심히 일을 하지 않으면 처벌(불이익)을 받는다는 점을 지속적으로 각인시켰다. 그뿐만 아니라 하루

일과 전체를 감시하면서 공장 일을 습관화할 수 있도록 했다.

그런데 이 방법이 효과가 있을까? 물론 효과가 있다. 왜 이 방법이 효과가 있는지 아는 것이 매우 중요하다. 자본가나 관리자가 지속적으로 근면한 노동자를 칭찬하게 되면 근면한 노동자는 다른 사람들에게 바람직하고 올바른 사람이 된다. 반대로 지각을 자주하고 게으른 노동자의 경우 잘못을 계속 지적받게 되면 이상한 사람이 된다. 지각하는 노동자는 이미 뭔가 이상한 사람 혹은 잘못된 사람이라는 시선이 생기는 것이다.

근면한 노동자 = 바람직한 사람 = 올바른 사람 = 정상인

지각하는 노동자 = 이상한 사람 = 잘못된 사람 = 비정상인

지각하고 게으른 노동자는 처음에는 대수롭지 않게 생각하다가 사람들의 시선이 오래 지속되고 그에 따라 봉급과 임금도 깎이고, 사람들에게 외면당하다 보면 스스로를 돌아볼 수밖에 없게 된다. '내가 진짜 비정상이 아닐까?'하고. 요즘 식으로 표현하면 일터에서 왕따가 되는 것이다.

게으름의 추방,
내면화

상황이 이렇게 되면 게으른 노동자가 반성만 하지는 않을 것이다. 필요하다면 사람들이 바람직하고 올바르다고 생각하는 행동을 하기 위해 노력하게 될 것이다. 모두가 공장에 때맞춰 정시에 출근해 열심히 일하고 있으면 자신도 그러기 위해 '스스로 노력'하게 된다. 이렇게 사회가 요구하는 규범을 '스스로 지키기 위해 노력하는 것'을 프랑스의 철학자 미셸 푸코는 '권력의 내면화'라고 한다.

왜 권력의 내면화라고 표현하는가? 권력은 강제하는 힘이다. 하기 싫어도 하게 하는 힘이다. 정시에 출근하기 싫고 열심히 일하기 싫다. 일하는 시간에 노는 것이 하고 싶은 일이다. 그런데 규범은 정시에 출근하게 하고, 놀지 않고 열심히 하게 한다. 싫은 것을 하게 하는 힘이 권력이다. 물리적으로 위협을 가하거나 총칼로 위협하는

권력의 내면화
다른 표현으로 '동일화(동일시)' '내면화'라고 하기도 한다. 어떤 사람이나 집단이 신념이나 태도 또는 행동을 의도적으로 변화시키려는 시도를 말한다. 예를 들면 공부를 싫어하는 학생에게 공부를 하도록, 편식하는 아동에게 싫어하는 음식을 좋아하게 하는 등이 대표적인 사례이다.

것이 아니라, 자신이 스스로 판단해서 알아서 규범을 따르게 하는 것이 '내면화'다.

영국 공장주는 열심히 일하는 노동자와 게으른 노동자를 구분했다. 그리고 열심히 일하는 노동자를 칭찬하고 게으른 노동자의 임금을 삭감했다. 그러면서 노렸던 효과는 게으른 노동자가 스스로 공장의 규범을 따르게 하는 것이었다.

이 과정이 반복되면 공장에서 일하는 노동자들은 관리자들이 특별히 감시하지 않아도 스스로를 알아서 감시하고 열심히 일하지 않는 자신의 모습을 스스로 질책하기도 한다. '나는 왜 이렇게 잘못된 삶을 살고 있을까?' 하는 양심의 가책을 느끼게 된다. 노동자들은 관리자의 감시가 없어도 자신의 내면에 일종의 감시자를 두고 있는 셈이다.

이를 두고 철학자 미셸 푸코는 근대인들은 자신의 내면에 감시탑인 '파놉티콘Panopticon'을 갖고 있다고 표현한다. 근대 사회는 자유가 허용된다. 그렇기 때문에 자신을 파괴할 자유도 있고 사회를 파괴할 자유도 있다. 그런데도 사람들은 자신을 파괴하거나 사회를 파괴시키지 않는다. 그 이유는 바로 자신의 내면에 감시탑을 갖고 있고, 이를 통해 사회가 허용하는 범위 내에서 자유의 권리를 행사하기 때문이다. 이처럼 '내면의 감시탑'은 개인이 알아서 규범을 지키

감시하는 감옥,
파놉티콘

영국의 철학자이자 법학자인 제러미 벤담이 제안한
일종의 감옥이다. 파놉티콘이란 단어는 그리스어로
'모두'를 뜻하는 'pan'과 '보다'를 뜻하는 'opticon'을
합성한 단어다. 벤담은 공리주의자로 '최대 다수의
최대 행복'을 주장했고, 효율성을 고민했다. 이 원리에
입각한 감옥이 바로 파놉티콘이다.

파놉티콘은 소수의 감시자가 자신을 드러내지 않고
모든 수용자를 감시할 수 있도록 했다. 죄수는 항상
감시받고 있다는 느낌 때문에 감옥의 규율을 따라
행동한다. 즉 규율의 내면화가 자연스럽게 발생한다.

고, 부지런한 삶을 살게 한다.

그럼 근대 사회는 어떻게 '파놉티콘'을 갖게 만든 것일까? 답은 교육이다.

우리는 1700년대 영국 공장에서 노동자들이 지각하면 벌금을 부과했음을 알고 있다. 1890년대 조선의 영어 학교에서 학생이 지각하면? 역시나 벌금을 부과했다. 학생들이 이 사실을 들으면 "아니, 학교와 공장이 다른데도 어찌 그럴 수 있느냐?"라며 항의를 할 만한 대목이다.

하지만 아니다. 공장이나 학교나 추구하는 목표가 같다. 둘 다 사람들을 규율과 규범에 따라 근면하고 부지런한 사람을 만들고자 했다. 실제 1770년대 당시 영국의 근대 교육을 이끌고 만들었던 사람들의 생각을 보면 알 수 있다.

질문 : 근대 교육은 무엇인가?

답 : 공장에서 일하기 적합한 노동자가 되기 위해 근면한 습관을 훈련시키는 것.

이것이 근대 교육의 목표였고, 이 목표를 실현시킨 것이 1700년대 영국 교육이었다. 당시 영국 교육계를 이끈 윌리엄 터너 목사는 이렇게 이야기한다. 어린이의 경우는 7세 정도에 이르면 이미 노동에 익숙해져서 습관화해야 한다.

이를 위해 학교 수업은 엄격한 규율에 따라 이루어져야 하는데, 우선 어린 학생들이 공장에 적응하기 위해 수업 시간도 공장의 노동 시간처럼 40분에서 50분으로 정하고, 휴식 시간을 10분 정도 준다. 이 과정을 몇 년 이상 반복하게 되면 노동에 적합한 훌륭한 어른이 될 수 있다고 보았다.

지금 우리들의 학교에서의 생활도 그리 다르지 않다. 정해진 시간 안에 정확히 등교해야 한다. 지각을 하면 벌을 받고, 꾸지람을 들을 것을 알고 있다. 그래서 지각을 하게 되는 날이면 마음속으로 혼날 각오를 하게 된다. 1교시 수업이 끝나면 2교시가 시작되기 전에 10분 정도의 휴식 시간이 주어진다. 월요일부터 학교에서 진행되는 수업은 언제 어떤 수업을 하는지 시간표가 정해져 있다. 학급마다 시간표가 걸려 있는 것은 예나 지금이나 같을 것이다.

학교에서는 학생들이 스스로 시간 관리를 할 수 있도록 지도한다. 방학이 되면 방학 과제가 주어지고, 방학 과제에 빠지지 않는 것 중 하나가 생활 계획표다. 초등학교 시절에는 원을 그려 기상 시간부터 잠자는 시간까지 상세하게 하루의 할 일을 계획하게 한다. 즉 주어진 시간을 관리하는 습관을 어릴 때부터 갖게 하는 것이다.

만약 학교의 규범을 지키지 않는 학생은 어떻게 될까? 선생님으로부터 질타를 받을 것이고 친구들에게도 잘못된 아이라고 따돌림을 받게 될 것이다.

그러면 학생은 어떻게 행동할까? 당연히 규범을 스스로 열심히 따르고자 노력한다. 이상한 아이 혹은 비정상적인 학생이라는 낙인을 받고 싶은 사람이 어디 있을까? 공장에서와 유사한 효과가 발생한다. 주어진 규범을 스스로 따르고자 하는 효과. 우리는 이를 무

엇이라 표현했을까? 그렇다. '내면화' 혹은 '권력의 내면화' 효과라고 했었다. 학교는 학생 스스로 근면하고 부지런하며 규범을 따르는 정상적인 학생 혹은 올바른 학생이 되도록 노력하게 만드는 것이다.

그리고 학교는 학생들에게 스스로 감시탑인 파놉티콘을 갖도록 하기 위해 교육한다. 여러 과정이 있겠지만 일기를 쓰게 하는 이유도 이와 연관되어 있다.

초등학교 시절 자신이 쓴 일기를 학교에서 검사한다. 일기의 결론을 잘 떠올려 보자. 대부분의 결론이 '앞으로 더 잘하겠다.'라고 끝나는 경우가 더 많지 않았던가? 이렇게 앞으로 더 잘하고 더 노력하겠다고 다짐하는 '나'의 모습이 바로 '파놉티콘'이다. 일기를 쓰면서 잘못했다고 느끼는 이유는 부모님이나 학교, 혹은 사회가 올바르다고 말하는 규범을 지키지 않았기 때문이다. 학교가 벌을 주고 매를 때리지 않아도 스스로 앞으로 잘하겠다고 다짐하고 노력하게 한다.

이를 사회학에서는 '사회화 과정'이라고 한다. 한 개인이 태어나서 사회에 필요한 사람이 되어가는 과정이 바로 사회화 과정이다. 조선 시대에는 조선이라는 사회에 필요한 사람으로 사회화되었던 것이고 우리는 자본주의 시장 경제에 필요한 사람으로 사회화되고 있는 것이다. 사회화 과정에서 가장 중요한 역할을 하는 것이 교육이다.

이미 우리는 앞에서 조선 시대에 사람들이 약속을 할 때 어떻게 하는지 확인했었다. 아침에 오는 사람도 있고 오후에 오는 사람도 있다. 모두가 그렇게 생각하는 판국에 공장에서 열심히 일하는 삶이 바람직하다는 교육을 공장 주인이 아무리 강조해 봐야 한 귀로 듣고 한 귀로 흘리기 마련이다. 그래서 조선 시대 공장은 제대로 운영될 수 없다.

하지만 지금은 다르다. 우리는 조선 시대 사람들과 다르다. 조선 시대 사람과 다른 교육을 받고 있고 다른 사람이 되어 있기 때문이다. 정규 교육 과정을 끝마치고 나면 우리는 자본주의 시장 경제에서 살아갈 수 있는, 자본주의적 생활 방식이 몸에 밴 사람이 되어 있다. 어떤 업무가 주어지더라도 상관없다. 약간의 적응 교육만 마치고 나면 어떤 업무라도 수행할 수 있다.

우리는 교육 과정을 통해 습관적으로 부지런함이 올바른 삶의 태도라 생각하고 실천하는 사람이 된다. 시간은 아껴야 하고, 그런 점에서 효율적으로 살아야 훌륭한 삶이라고 생각하게 된다. 시장 경제가 필요로 하고 원하는 방식의 사람으로 사회화되어야 비로소 공장이 운영될 수 있는 것이다. 곧 시장 경제가 원활하게 작동할 수 있는 것이다.

이처럼 시장은 국가와 문화의 도움을 필요로 한다. 시장이 성립하기 위해서는 자연, 인간, 화폐처럼 상품 아닌 것이 상품화되어야 한다. 그래서 국가의 법과 제도의 도움이 필요하다. 그뿐만 아니라 시장 자본주의는 노동자 스스로 근면이라는 신념을 만들고 자신의 직업을 천직으로 생각하도록 만들어야 한다. 이를 위해 문화의 도움을 필요로 한다. 우리가 살고 있는 자본주의는 결국 시장, 국가(정치), 문화의 결합물인 것이다.

그럼 만약 국가와 문화가 바뀌면 시장은 어떻게 될까? 지금의 모습을 그대로 유지할까? 아니면 다른 모습으로 바뀔까? 아마도 현재의 시장과는 사뭇 다른 모습의 자본주의가 될 것이다. 이제 국가의 역할과 문화가 달라짐에 따라 시장 경제의 모습이 어떻게 변모하는지 살펴볼 것이다.

인간은
이익을 추구하는
경제적
인간일까?

11

나는 스웨덴에 사는 배관공이다.

악

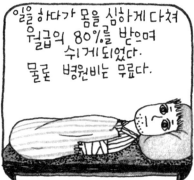

일을 하다가 몸을 심하게 다쳐 월급의 80%를 받으며 쉬게 되었다. 물론 병원비는 무료다.

휴가 기간동안 남는 시간에 공부를 하게 되고,

대학입학도 하게 된다. 당연히 대학등록금도 무료다.

지도 교수에게 인정받아 석사를 마치고 박사학위를 받고

사민당의 국회의원이 되었다.

나는 한국에 살며 식당에서 일한다.

남편은 12년전 방광암으로 죽고 병원비로 빚을 지게 되었다.

두 딸도 건강하지 못해 취직도 외출도 어려웠다.

얼마전에 넘어져 다치게 되어 식당일도 그만두었다.

더 이상 할 수 있는게 없었다.

결국 ... 두 딸과 함께 목숨을 끊었다.

새로운 시장 경제는
가능할까?

스웨덴에 한 청년이 살고 있었다. 그의 직업은 배관공이었다. 배관 작업을 하다 몸을 심하게 다친 청년은 치료를 받으러 병원에 가야 하기 때문에 더 이상 일을 할 수 없었다. 그 청년은 병원에서 치료를 받는 기간 동안 자신이 벌던 월급의 80%를 받았고, 치료가 끝나는 기간 뿐 아니라 예전의 건강을 회복할 만큼 충분한 기간의 휴가도 받았다. 그리고 당연히 병원비는 무상이었다.

휴가 기간 동안 그는 예전에 싫어했던 책을 들고 공부를 시작했고, 지적 호기심이 강해진 청년은 대학에 입학하게 되었다. 당연히 대학 등록금도 무료였다. 늦게 공부를 시작한 청년은 경제학을 선택하고 지도 교수로부터 인정받아 석사 과정을 거쳐 박사 학위를 받게 되었다. 그리고 자신이 평소 지지하던 사민당의 국회의원 후보로 출마해 국회의원이 되었다. 그의 이름은 '스테판 뢰프벤'. 실제로 2014년, 스웨덴의 총리에까지 오른 인물이다. 바로 우리나라로 친다

스테판 뢰프벤

그는 1957년 스톡홀름에서 유복자로 태어났고,
생후 10개월에 고아원에 맡겨졌다. 이후 스톡홀름
북부의 한 가정에 입양되었다. 양부는 벌목꾼이었고
공장 노동자였다. 양모는 방문 간호사였다.
고등학교를 졸업한 뒤 48주의 용접 기능공 코스를
마쳤다. 대학에서 1년 반 사회 복지학을 전공하다
중퇴했다. 22살 때 용접공으로 사회에 첫발을
내디뎠다. 2년 후엔 단위 노조 간부에 오른 후
2006년 스웨덴 사민당 최고 위원, 2012년 1월
당수로 선출됐다. 이후 스웨덴 총리가 되었다.

면 개천에서 용이 난 격이다.

반면 우리 사회는 어떤가? 얼마 전 송파구에서 세 모녀가 동반 자살을 했다. 두 딸의 아버지는 12년 전 방광암으로 사망했다. 치료를 위해 많은 돈이 들었고, 그 때문에 많은 빚을 지게 되었다. 빚을 갚기 위해 세 모녀는 평소에도 생활고에 시달렸다.

두 딸 또한 건강하지 못했다. 평소 고혈압과 당뇨 때문에 취직도 외출도 쉽지 않았다고 한다. 어머니가 식당일을 하면서 생계를 책임졌지만 그마저 자살을 하기 한 달 전쯤 넘어져 다치면서 식당을 그만두게 되었다. 그 뒤로 생활고가 더 심해졌다고 한다. 세 모녀는 유서와 함께 그동안 밀린 집세와 공과금을 남겼다. 유서에는 주인에게 죄송하다는 사과글이 적혀 있었다.

우리나라에서는 스웨덴의 배관공의 삶을 상상하기 힘들 듯, 스웨덴에서는 송파 세 모녀의 자살을 상상하기 쉽지 않을 것이다. 그 이유가 무엇일까? 그 이유는 스웨덴의 정치와 문화가 우리와 달라서다. 정치와 문화가 다르기 때문에 우리와 같은 시장 경제 체제이지만 부의 분배를 우리처럼 시장과 경쟁에만 맡기지 않는다.

부의 분배를 시장에만 맡기지 않는다는 것은 어떤 의미인가? 경제 문제를 경제로만 다루지 않고 정치와 문화 속에서 경제 문제를 다룬다는 의미이다.

먼저 왜 시장 경제의 문제를 정치와 문화의 문제와 함께 다뤄야할까? 앞서 살펴보았듯이 그 이유는 시장이 정치와 문화 모두와 긴밀히 연관되어 있기 때문이다. 시장은 국가와 무관하게 등장하지도 않았고, 시장 원리가 제 기능을 하려면 국가의 직접적인 개입이필요했다. 정치뿐만이 아니다. 문화 또한 경제에 직접적인 개입이필요했다. 베짱이가 그냥 개미가 된 것은 아니었다. 자본주의 윤리와 문화가 교육을 통해 습득되었기 때문에 시장 경제는 작동하게된 것이다. 따라서 시장이 발생시킨 문제는 단지 경제가 만들어낸문제가 아니라 그 사회의 정치와 문화가 만들어 냈다고 해도 무방하다. 왜냐하면 시장 자체가 이미 그 사회의 정치와 문화가 결합된산물이니까.

우리에게 던져진 경제 문제들은 무엇인가? 단순화시켜 말하자면신자유주의 확산으로 인해 겪고 있는 국내외적 문제이다. 국내적으로는 송파 세 모녀 사건으로 상징되듯 빈부 격차의 양극화이고, 국제적으로는 세계화의 확산으로 인한 선진국과 개발 도상국 간의 빈부 격차 문제이다.

이 문제들을 경제에만 맡겨 놓으면 해결이 가능할까? 불행히도아니었다. 신자유주의가 금과옥조처럼 신봉했던 낙수 효과는 거짓말이었고, 리카도의 비교 우위론도 실제로는 허상에 불과했다. 결국 경제에게만 이 문제의 해법을 맡겨 둔다면 극심한 빈부 격차와 개발 도상국의 빈곤 문제를 외면할 수밖에 없게 된다. 그래서 해법은 경제에 문화와 정치가 깊숙이 개입하는 것이다. 그럼 어떻게?

우리는
경제적 인간일까?

우리는 앞서 시장 원리를 다루면서 그림과 호미를 팔았던 마빡이의 사례를 보았다. 마빡이의 사례는 시장이 어떻게 생산과 분배의 문제를 해결하는지 알 수 있는 좋은 사례. 마빡이의 목표는 자신의 이익을 극대화하는 것이다. 마빡이는 무엇을 생산하고, 다른 사람들이 필요로 하는 것이 무엇인지를 '자기 자신을 위해' 끊임없이 고민해야 했다.

그렇기 때문에 시장은 이기적인 존재가 참여하여 누가 무엇을 생산하고 어떤 역할을 담당해야 하는지와 같은 사회의 분업을 조정할 수 있다.

그뿐만 아니라 시장은 교환을 확대하고, 그에 따라 다양한 직업을 창출하고 시장 참여자들이 각자 임금을 받고 살아가게 한다. 시장은 상품의 수요와 공급의 균형을 통해 가격을 결정하고, 결과적으로 소중한 자원을 효율적으로 분배한다.

그런데 여기서 경제학이 전제로 삼는 인간은 항상 '이기적 인간'이며, 다른 말로 '경제적 인간'이라고 부르기도 한다. 그럼 경제학에 등장하는 경제적 인간은 어떤 특성을 갖고 있을까?

우선 경제학에 등장하는 인간은 합리적인 인간이다. 왜냐하면 이 인간은 기호(취향)가 명확하며, 거기에는 변화도 없다. 그리고 그 기호를 토대로 자신의 만족(경제학에서는 '효용')이 가장 커질 수 있는 재화를 선택한다.

언뜻 보면 타당하다. 그런데 조금만 더 고민해 보면 그렇지 않다. 모 케이블 방송에서 〈남녀 탐구 생활〉이라는 인기 있는 프로그램이 있었다. 프로그램은 '남성'과 '여성'이 어떤 차이를 갖고 있는지 코믹하게 보여 준다. 남녀는 쇼핑 시 어떤 차이가 있을까? 여성은 백화점에서 기본적으로 2시간 이상 쇼핑을 한다고 한다. 이 경우 어느 정도 합리적 쇼핑이라고 할 수 있을 것이다.

그럼 남자는? 백화점에서 단 10분도 견디기 힘들다고 한다. 사고자 하는 물건은 대부분 처음 찾아간 매장에서 사버리고 백화점을 나온다고 한다. 과연 남성이 합리적 쇼핑을 했을까? 과연 남자는 쇼핑에서 상품을 구매할 때 진열된 모든 상품에 관한 정보를 알고자 했고, 진열된 상품이 어떻게 편성되어 있는지를 고려했고, 그 상품을 소비했을 때 얻을 수 있는 효용을 재빨리 계산하고, 효용을 최대화했을까? 결코 그렇지 않다.

또 다른 예를 들어보자. 경제학자 베블런은 오로지 경제적 동기에 의해서만 움직이는 것으로 상정한 기존 경제학의 인간상을 '고통과 쾌락의 번개 계산기'라고 비꼬았다. 그는 일반 경제학 원리와 다르게 상류층의 소비 성향은 가격이 비쌀수록 오히려 수요가 더 상승하는 경향이 있다는 것에 주목했고, 왜 이런 현상이 발생하는지 분석했다. 그의 결론은 이렇다. 상류층은 일하지 않고 살 수 있다는 것을 과시하며, 이는 사회적 존경을 얻는 방편이 된다. 사람들의 존경을 받고 이를 유지하려면 부와 실력을 소유하는 것만으로는 충분치 않다. 그 부와 실력은 반드시 입증되어야 한다. 증거가 있어야 존경을 받을 수 있기 때문이다. 그래서 부유층은 과시적 레저를 통해 시간을 낭비하고, 과시적 소비를 통해 돈을 낭비한다.

베블런

소스타인 베블런(Thorstein Veblen)은 19세기 말에 활동했던 미국의 사회학자이자 경제학자다. 상류 계층의 과시 소비를 분석한 『유한계급론』을 썼다. 수요가 가격과 비례하는 현상, 즉 비쌀수록 많이 팔리는 현상을 경제 심리학적인 용어로 '베블런 효과'라고 한다.

이처럼 경제학에 등장하는 인간은 현실의 인간과 다르다. 그럼 과연 이기적이고 합리적 인간을 토대로 구성된 경제학은 타당할까?

둘째로 경제적 인간을 행위의 목적과 관련하여 살펴볼 수도 있다. 경제적 인간은 타인에 대해서는 일절 돌보지 않고 자신의 이익만을 최대화하려는 인간이다. 애덤 스미스가 『국부론』에서 언급했듯이 개인은 사익 추구에만 몰두한다. '보이지 않는 손'에 의해 의도하지 않게 공익을 증진시키지만, 그 공익 증진마저도 어떤 보답을 통해 이익을 얻으려고 행동한 결과일 뿐이다. 이처럼 경제적 인간은 윤리나 도덕이라는 개념을 갖추고 있지 않다고 가정된다. 그런데 과연 인간은 그렇게 이기적이기만 한 존재일까?

정의로운 인간, 최후통첩 게임

인간이 자신의 이익만을 추구하는 존재가 아님을 보여주는 여러 실험이 있다. 대표적인 것이 '최후통첩 게임'이다.

최후통첩 게임은 사람들이 어떤 제안을 받았을 때, 그것이 불공평하게 보이면 제안을 거부함으로써 손해를 감수하면서까지 제안자를 징계하려는 경향이 있다는 것을 보여준다. 즉 인간은 자신의 이익을 포기하더라도 공정과 정의를 실현하려는 의지를 가진 의로운 존재라는 것이다.

최후통첩 게임은 이런 것이다. 100만 원의 공돈이 있다고 하자. 나와 또 다른 한 사람은 이 100만 원을 나눠 가질 수 있다. 단, 돈을 어떻게 나눌 것인지는 상대방이 정한다. 나는 상대방이 제안한 비율에 동의 여부를 정할 수 있다. 내가 상대방의 제안에 동의하면 그 제안에 따라 나와 상대방은 100만 원을 나눠 가질 수 있다. 만약 내가 그 제안을 거부하면? 돈을 나눌 비율을 정한 상대방과 나, 모두 한 푼도 받지 못한다. 단, 조건이 있다. 이 게임에 참여한 나와 상대방은 모두 이기적인 인간이다.

상대방이 당신에게 5:5, 즉 50만 원씩 나누자고 제안한다면 어떨까? 이기적인 존재인 '나'는 이 제안을 받아들일 것이다. 왜냐하면

최후통첩 게임
이 게임은 1982년 이스라엘 출신의 심리학자로 노벨상까지 수상한 대니얼 카너먼에 의해 제안되었다. 이후 캐나다의 심리학자인 조지프 하인리히가 세계 곳곳에 퍼져 있는 15개 문화권의 주민들을 대상으로 이 게임을 시행했다.

상대방도 나도 이기적이기 때문에 내가 상대방보다 더 많은 돈을 받게 될 제안을 상대방이 할 가능성은 없다. 따라서 이기적인 나는 상대방이 제안한 50만 원을 받아들일 것이다.

그런데 만약 상대방이 당신에게 1만 원을 주고 자신이 99만 원을 갖겠다고 한다면 어떻게 하겠는가? 게임의 조건은 '나'와 '상대방' 모두 이기적이었다. 따라서 공돈 1만 원이라 하더라도 나의 입장에서는 받는 것이 더 이익이기 때문에 그 돈을 받을 것이다.

그럼 나에게 1원을 주고 상대방이 99만 9천 9백 99원을 갖는다고 제안하면? 게임에 참여한 나와 상대방은 이기적이다. 1원이라고 해도 나에게는 공돈이자 이익이기 때문에 나는 상대방의 제안을 받아들일 것이다.

자. 경제학이 전제하는 인간은 '나'와 '상대방'처럼 이기적인 인간이다. 그럼 실제 현실에서 이 최후통첩 게임이 이뤄지면 어떻게 될까?

전 세계에서 이루어진 이 실험은 경제학 이론과는 달랐다. 30% 미만의 금액을 제시한 경우 대부분 그 안을 거부했다. 즉 상대방이 자신은 70만 원을 갖고, 나는 30만 원이라는 제안을 했을 경우 많은 참가자들이 그 제안을 거절한 것이다.

왜일까? 상대방의 제안을 받아들이면 30만 원의 공돈이 생김에도 왜 거부했을까?

가장 직접적이고 직관적으로 떠오른 생각이 답이다. 상대방의 제안이 더럽고 치사해서다. 비록 내가 공돈과 이익이 생기지만 그 제안은 불공평하고, 심적으로는 더럽고 아니꼬운 마음에 받아들일 수 없는 것이다. 그래서 상대방의 치사함과 불공정에 대해 내 이익을 포기하고서라도 응징하고자 하는 것이다.

최후통첩 게임을 통해 알 수 있는 것은 인간이 단순히 이기적인 존재가 아니라는 점이다. 인간은 자신의 이익을 추구하지만, 만약 자신이 처한 상황이 공정하지 못하다 싶으면 자신의 이익을 포기하고 맞서 싸울 줄 아는 정의로운 존재다. 그런 존재가 바로 인간이다.

이런 인간의 특성 때문에 '시장'에서는 상상할 수 없었던 일들이 '현실'에서 벌어진다. 즉 애덤 스미스가 상상하지 못한 일들이 시장에서 실현되는 것이다.

세계화와 무역의 자유화는 기술과 생산성이 낮은 국가는 재화의 기본 원료를 제공하고, 기술과 생산성이 높은 나라는 가공된 재화를 담당하게 하면서 자원이 효율적으로 사용되도록 유도한다.

그러나 아프리카나 아시아의 개발 도상국들은 발전과 풍요는커녕 국가의 보호를 받아 연명해 올 수 있었던 산업마저 사라져 실업만 늘어나게 된다. 비교 우위에 따르면 새로운 직업이 등장해 재취업할 수 있다 했지만 그마저도 이론상 가능할 뿐 실제로 가능하진 않다.

실제 자유 무역의 확대로 인해 전 세계 48개국의 개발 도상국들이 매년 6억 달러의 피해를 보고 있다는 추산도 있다.

만약 경제학에 전제된 이기적 인간이라면 이런 현실에는 무관심할 것이다. 그러나 다행히 인간은 경제학 책 속에서 묘사된 것처럼 그리 이기적이지 않다. 오히려 최후통첩 게임에 등장한 개인이 현실 속의 개인에 가깝다.

착한 시민, 공정 무역

세계화와 자유 무역의 확대로 인한 개발 도상국들의 문제를 적극적으로 해결하고자 하는 반_反시장적인 정의로운 인간들이 등장했다. 이들이 제시하는 해법이 바로 '공정 무역fair trade'이다.

이 공정 무역의 확대는 기존 경제 법칙에 의해 매몰됐던 이기적 인간이 아니라 정의로운 인간의 가치를 다시금 확인할 수 있는 사례이다.

‘옥스팜Oxfam’이라는 국제 빈민 구호 기구가 있다. 이 기구가 발표한 보고서에 따르면 2001~2002년 영국에서 커피를 사서 마신 커피 소비자가 우간다산 커피에 지불한 돈 가운데 우간다 커피 재배 농민에게 돌아간 몫은 0.5%에 불과했다. 그 이유는 다국적 기업이나 도매 무역업자들이 독점을 이용해 농민들로부터 터무니없는 헐값에 커피콩을 샀기 때문이다.

단지 커피뿐 아니다. 세계 무역에서 동남아, 남미, 아프리카에 속한 국가들이 원료를 제공하고 얻는 이익에서 단 1%만 더 이익이 올라가도 1억 2800만 명의 가난한 이들이 극심한 빈곤에서 벗어날 수 있다고 한다.

이와 같은 불공정 무역 구조를 공정하게 만들자는 취지에서 출발한 세계 시민운동이 바로 공정 무역이다.

공정 무역은 개발 도상국의 원료나 제품에 대해 정당한 값을 지불하고자 한다. 그래서 가난한 나라의 생산자들이 경제적, 생태적으로 조금 더 나은 환경 속에서 살 수 있도록 유도하는 것이다. 이를 위해 시장 가격보다 비싼 값을 지불할 뿐만 아니라 수익금의 일부를 친환경적인 재배 환경을 조성하는 데 사용한다. 공정 무역 커피나 설탕, 바나나, 면 등이 대부분 친환경적인 유기농 농산물인 것은 이 때문이다.

1960년대 유럽에서 '원조가 아닌 무역을!'이라는 모토 하에 진행되고 있는 공정 무역 운동은 이제 전 세계로 확산되었고 대한민국 또한 예외는 아니다.

물론 이런 흐름에 대해 대부분의 주류 경제학자들은 회의적이다. 인간은 알고 보면 이기적인 동물에 가깝기 때문에 예외적 현상일 뿐이라 한다. 주류 경제학자들은 이런 말도 서슴지 않고 한다.

"어디 인간이 그리 정의롭던가? 알고 보면 자신과 자신의 가족밖에 모르는 사람들에 불과하다."라고.

그러나 인간은 자연 상태에서 동물처럼 자라난 존재가 아니다. 의무 교육을 통해 경제도 배우지만, 시민 윤리를 배우고, 민주주의를 배우고, 올바른 사람이 되는 법을 배운다. 인간은 배우고 익힐수록 정의롭고 올바른 행동을 판단할 수 있을 뿐 아니라 행동을 실천하기도 한다.

이는 인간이 평생을 배우고 익혀야 하는 또 다른 이유이기도 하다. 동물처럼 살아가는 것은 인간이 인간다움을 포기하는 것이다. 시장과 자본주의 경제 체제는 우리의 현실이다. 치열한 경쟁과 이긴 자가 다 가져가는 '승자 독식'의 현실 속에서도 인간은 최후통첩 게임처럼 그리고 공정 무역을 실천하는 시민들처럼 더 올바르고 더 바람직한 사회를 만들기 위해 노력하고 실천하는 존재이기도 하다.

그러나 이를 위해서는 무엇보다도 시민들의 소비 문화가 바뀌어야 한다. 앞서 자본주의에 적합한 인간은 그냥 태어난 것이 아니라 학교와 같은 교육 기관의 훈육이 있었기 때문에 가능했다. 그런 만큼 서로 협력하고 다른 사람들이 어려움에 처하면 서로 돕는 시민으로 살아가게 하는 교육이 사회 제도적으로 필요하다. 스웨덴과 같은 북유럽에는 시험 성적이 없다고 한다. 문제를 풀 때도 서로 협력해서 풀도록 하고, 어려워하는 친구들은 서로 돕는 교육을 강조한다. 우리나라처럼 시험과 성적, 그리고 대학 진학이라는 무한 경쟁 교육과는 교육 목표가 다르다. 이런 교육 환경 속에서 자란 시민들은 당연히 소비의 방식에서도 윤리적인 소비 문화를 가질 수밖에 없다.

비단 스웨덴뿐만 아니라 유럽을 포함한 여러 선진국 시민들이 윤리적 소비에 참가하고 있다. 이는 경쟁보다는 협력을 강조하고 정의로운 시민으로 살도록 유도하는 것을 목표로 하는 사회 제도가 있었고, 이를 통해 윤리적 소비 문화가 형성될 수 있었기 때문에 가능했다. **노블레스 오블리주**를 실천하는 유럽의 가문이나, 자식들에게 거액의 유산을 남겨주지 않겠다는 빌 게이츠 등과 같은 사람이 등장할 수 있는 것도 사실은 이들 사회가 가진 문화적 토양의 결과다.

노블레스 오블리주

프랑스어로 '명예(Noblesse)만큼 의무(Oblige)를 다해야 한다.'라는 뜻이다. 유례는 유럽에서 귀족들이 전쟁에 나가 목숨을 바쳐 공동체의 안전을 지키고 농노들에게 그 대가로 세금과 복종을 요구한 것에서 시작되었다. 오늘날에는 사회 고위층 인사에게 요구되는 높은 수준의 도덕적 의무를 의미한다.

민주주의가
시장을
바꾼다고?

12

약자를 우선하는
사회의 가능성

애덤 스미스는 사회 공익에 대해 고민하지 않고 개인이 자신의 이기성만 추구하더라도 사회 전체의 공익은 증진될 수 있다고 보았다. 그런데 '보이지 않는 손'은 제대로 작동하지도 않았고, 시장에 분배의 문제를 맡겨 두었더니 그 결과는 심각한 양극화였다. 그럼에도 여전히 경제는 시장에 맡겨야 한다는 목소리가 크다. 왜 그럴까?

더 행복해져서? 아니면 더 풍요로워졌기 때문에? 아니다. 그 이유는 아직 우리 사회에서 민주주의가 성숙되지 않아서다. 즉 시민의 힘이 미약하기 때문이다. 성숙된 민주주의 사회는 시민들에게 일방적이고 획일적인 삶을 강요하지 않는다. 민주주의가 발전된 사회는 항상 구성원들에게 다양한 삶의 선택권을 보장한다.

많은 사람들이 '승자 독식'을 부당하다고 생각하고, 이기적인 경쟁 사회보다 협력을 강조하는 사회가 바람직하다고 생각한다. 하지만 시민들의 의견은 우리 현실에 반영되지 않는다. 왜일까?

사회 제도를 어떻게 운영할 것인지 결정하는 영역은 정치다. 모두가 좀 더 인간답고 풍요롭게 사는 사회가 되기 위해서는 정치가 변화해야 한다. 정치가 발달한 유럽의 경우, 독일의 **사민당**이나 영국의 **노동당**처럼 복지를 주장하는 정당들이 오랜 기간 동안 집권했다는 것은 우리에게 시사하는 바가 크다.

시민들이 정치를 바꿔야 더 나은 삶을 꿈꾸고 실현할 수 있게 된다. 민주주의가 성숙된 사회는, 시민들이 지금과는 다른 삶을 살고자 한다면 그와 같은 시도를 지지해 주고, 새로운 시도가 성공하도록 지원을 아끼지 않는 사회다.

독일이 그렇다. 독일에는 자본주의 시장 경제를 거부하고 함께 협력하며 살아가는 '보방 마을'이라는 곳이 있다. 독일 정부는 이들이 집을 짓고 태양광 발전소를 짓는 데 필요한 자금, 심지어 생존에 필요한 돈도 지급한다. 아쉽게도 우리나라는 시민들의 자발적 실험과

사민당, 노동당

사회민주당의 약칭은 사민당은 통상 사회 정의와 개인의 자유를 바탕으로 하는 민주주의를 최고의 가치로 삼고, 이를 바탕으로 사회주의를 실현하고자 한다. 독일의 사민당이 대표적이다. 한편 영국의 노동당은 1924년 소수 정부로 첫 집권에 성공한 사회민주주의 정당이다. 이후 현재까지 여러 차례 집권함으로써 영국 내 양대 정당의 하나로 자리매김하고 있다.

독일의 보방 마을

보방 마을은 독일 영토지만 1992년까지 연합군이
주둔하던 곳이다. 연합군이 철수한 뒤 시민들은
그 지역을 어떻게 활용할 것인지에 대해 공청회를
열었고, 그 후 집 없는 가난한 이들과 학생들이 주로
발 벗고 나서서 생태 마을로 만들었다. 이 마을은
자동차 사용을 억제해 대기 오염을 줄였고, 석유,
석탄, 원자력 대신 태양 에너지나 쓰레기를 이용한
깨끗한 에너지를 사용한다. 덕분에 보방 마을은
자연과 인간이 공존할 수 있는 세계적인 마을
공동체가 되었다.

시도에 대해 여전히 관심과 지원이 부족하다.

우리 사회는 경쟁보다는 협력을 선택할 수 있을까? 자살을 선택한 송파 세 모녀처럼 실업과 가난, 질병 등 열악한 상황에 내몰린 약자를 우선하는 정의로운 정치 체제에 합의할 가능성이 있을까? 현실의 우리들은 자신과 상관없다는 이유로 외면하고 돌아서지 않던가? 강자가 살기 편한 사회이기에 자신만 강자가 되기 위해 노력하는 것이 당연하다고 생각하고 있지는 않은가?

우리는 이기적인 인간이고 각자의 이익을 추구하는 존재이지만, 약자를 배려하고 이들을 도울 수 있는 사회를 만드는 것에 분명히 합의할 수 있다. 그 해답을 제시한 이가 존 롤스다.

그는 다음과 같은 실험을 한다.

먼저 자신이 어디 출신인지, 성별이 무엇인지, 어느 계층에 속하는지, 어떤 국가에 속해 있는지 모두 모르는 개인을 가정하자. 이 개인은 단지 생각하고 판단하는 능력을 갖추고 있다. 이러한 개인을

존 롤스

1921년 미국에서 출생한 존 롤스는 하버드 대학교 교수 시절 그의 유명한 저서 『정의론』를 집필했다. 이 책은 1971년 출간되자마자 현대의 철학 고전으로 자리매김할 정도로 큰 반향을 일으켰다. 그는 각자의 노력이나 재능 또한 사회의 공익에 기여할 때 의미가 있는 것이라고 주장했다.

무지의 베일에 싸인 '원초적 개인'이라고 한다.

이 개인에게 다음의 사회를 제시하고 어떤 사회를 선택할 것인지 물어보자.

1 모두에게 자유와 권리가 평등하게 보장되는 사회
2 아주 작은 일부 사람들의 자유와 권리를 희생시키는 사회

자신이 어떤 계층인지, 국가가 어딘지, 성별이 무엇인지 모르는 개인은 어떤 사회를 선택할까? 당연히 자신이 최악의 상황에 놓이는 것을 피하려 할 것이다. 그러면 이 사람에게 가장 유리하고 합리적 판단이자 안전한 판단은 무엇일까? 1번 사회를 선택하는 것이다. 즉 이 사람에게 가장 유리한 판단은 모두에게 자유와 권리가 평등하게 보장되는 사회를 선택하는 것이다. 물론 설마 내가 자유와 권리가 박탈당하는 소수의 계층에 속하지는 않을 것이라 생각할 수도 있지만 그것도 모를 일이다.

이 실험을 통해 알 수 있는 결론은 우리는 모두가 자유롭고 권리가 보장되는 국가와 사회를 만드는 데 합의하고 동의할 수 있다는 것이다. 우리가 합의해 만드는 사회는 나의 자유와 권리를 위해 다른 사람의 권리를 짓밟거나 반대로 다른 사람의 자유와 권리를 위

해 나의 자유와 권리가 박탈당하는 사회가 아니다. 모두의 자유와 권리가 보장되는 사회다. 우리는 정의로운 사회를 만드는 데 합의할 수 있다.

그럼, 다음으로 생존에 필요한 자원은 어떻게 나눠야 할 것인지에 대해서도 합의할 수 있을까? 물론이다. 앞에서 자신의 국적, 성별, 학력, 계층 등을 모르는 개인에게 다음 중 어떤 자원 분배 방식을 원하는지 선택하도록 해보자.

1 모두가 똑같이 나누는 사회

2 각자 능력에 따라 나누는 사회

이 경우 아무것도 알지 못하는 개인은 어떤 것을 선택할까? 이 개인은 자신이 능력이 있는지 없는지도 모른다. 그렇기 때문에 최악의 상황을 고민해서 자신에게 가장 유리하고 안전한 선택을 할 것이다. 그럼 어떤 사회를 선택할까? 1번처럼 모두가 똑같이 나누는 사회를 선택할 것이다. 사회주의를 선택할 수도 있다는 이야기다.

그런데 선택지를 하나 더 추가해 보자. 그럼 어떤 선택을 할까?

1 모두가 똑같이 나누는 사회

2 각자 능력에 따라 나누는 사회

3 각자 능력에 따라 나누지만, 그 사회에서 가장 가난한 계층에 속한 사
람이 1번 사회보다 더 잘살게 된다는 조건 하에서만 능력에 따라 나누
는 사회.

이 경우, 자신의 출신 계층, 국가, 학력, 성별 등을 모르는 개인에
게 가장 안전하고 유리한 사회는 어떤 사회일까? 3번 사회일 것이
다. 왜냐하면 3번 사회는 사람들마다 능력에 따라 격차가 있지만,
그 격차가 그 사회의 가장 가난한 계층에 속하는 사람들의 삶이 1
번 사회보다 더 잘살게 되는 조건에서만 적용되기 때문이다.

그럼 능력에 따라 나누는 사회는 사회주의인가? 자본주의인가?
자본주의다. 그럼 자본주의는 어떻게 분배할까?

우리는 앞서 시장의 분배 기능을 살펴보았다. 시장에 참여한 마빡
이와 크리스탈은 노동의 대가인 임금을 가지고 시장에서의 교환을
통해 각자의 만족(효용)을 극대화시킬 수 있었다. 덕분에 시장은 합
리적이며 효율적이며 정의롭게 분배 문제를 해결할 수 있다고 했다.

그런데 중요한 의문을 하나 남겼다. 즉 각자 지급받은 임금이 공
정하지 못하다면 어떻게 될 것인지의 문제다. 현실에는 다양한 임금

격차가 존재한다. 이른바 부의 불평등이다. 이 격차에 대해 사람들이 불만을 갖게 된다면 시장에서 아무리 주어진 조건에서 최대 만족을 실현시킨다 해도 불만이 쌓일 수밖에 없다.

시장 원리에 따른 분배가 정당화될 수 있는 조건

그런데 존 롤스는 시장의 분배 기능에 대해 엄격한 기준이 필요하다고 한다. 자본주의, 즉 능력에 따라 자원을 분배하는 사회에 대해 사람들이 동의하고 합의하는 경우는 사회의 약자들의 삶이 사회주의보다 더 윤택해질 수 있다는 보장이 있을 때만 가능하다는 것이다.

만약 자본주의가 가장 가난한 계층에 속한 사람들의 처지를 무시하고 그들의 삶을 방치한다면? 그 사회에 동의하는 사람도 없을 것이고, 곧 가난한 사람들의 저항에 의해 심각한 위기에 빠지게 될 것이라는 얘기이다.

그럼 자본주의가 유지되고 정당화되려면, 빈곤한 계층이나 사회적 약자를 돌볼 수 있어야 한다. 그러기 위해서 필요한 것은 무엇일까? 바로 국가와 정부에 의한 복지 제도인 것이다.

민주주의 역사가 오래된 국가일수록 국가와 정부에 의한 복지 제도가 잘 마련되어 있다. 반면 우리나라의 경우 민주주의 역사 자체가 짧다. 기껏 대통령을 직접 손으로 뽑은 것도 1987년 이후다. 일제 강점기, 이승만, 박정희, 전두환으로 이어지는 독재 시절이 무척이나 길었다. 민주주의는 시민들의 의견을 반영하고 그것을 토대로 운영하는 사회 시스템이다. 민주주의 역사가 짧고 문화가 정착되지 않다 보니 우리 사회는 약자에 대한 배려도, 빈곤한 계층에 대한 복

지 제도도 열악할 수밖에 없다.

　존 롤스는 무한 경쟁의 사회를 살아가는 우리들에게 이렇게 말하고 있다. 자본주의 시장 경제 또한 사회 제도라고 한다면 시민들의 합의와 동의에 입각해 정의로운 방식으로 운영되어야 한다고. 만약 시장 경제가 정의롭지 못하다면, 그리고 가난한 빈곤 계층을 외면하고 있다면, 더 이상 시장 경제는 존속되어야 할 이유나 정당성이 없다고. 그런 점에서 시장 경제로 인해 발생하는 문제는 국가의 문제이자 동시에 정치의 문제인 것이다.

삶에 대한 태도,
경제에 대한 관점

지금까지 우리는 시장 경제와 문화, 그리고 정치와 국가의 관계를 살펴보았다. 그 결과 시장 경제 체제는 매우 효율적이고 합리적인 경제 제도임을 알 수 있었다. 시장 경제는 시장에 참여하는 사람들에게 성공할 기회를 제공해 준다. 가령 시장 자본주의가 없었다면 애플이나 삼성, 현대자동차나 마이크로소프트 같은 기업이 어찌 등장했을 것이며, 이건희와 스티븐 잡스처럼 성공한 자본가들이 어찌 등장할 수 있었겠는가?

젊은이에게는 원래 죽음과 파멸에 대한 두려움이 먼 법이다. 독일의 철학자 '하이데거'를 평생 공부하시고 퇴임하신 한 교수님이 있었다. 명예 교수 자격으로 퇴임 후에 대학생들을 대상으로 하이데거의 유명한 책『존재와 시간』에 대한 강의를 했다. 그런데 교수님은 졸고 있는 학생들을 보며 항상 근심 어린 표정을 짓곤 했다. 그러던 어느 날, 아직 종강이 되려면 한 달이나 남아 있었는데, 졸고 있는 학생들을 보시고는 교수님은 이렇게 말했다.

"그래 죽음 속에 진리가 있다는 하이데거의 철학은 늙은이의 철학이겠지. 피 끓는 젊은이들에게 죽음과 파멸이라니. 너희들의 졸음과 무관심은 삶에 대한 열정이자 늙은이에 대한 저항이라 생각한다. 이번 학기 수업은 여기까지. 오늘부터 종강이다."

시장 경제는 성공을 희망하고 도전하는 젊은이들에게 매우 매력적인 경제 체제이다. 불확실하지만 재능과 노력을 통해 누구도 오르지 못한 성과를 실현하게 만들 수 있다. 페이스북을 보라. 페이스북의 창업자인 마크 주커버그는 1984년생이다. 그럼에도 세계적인 부와 명성을 얻었다.

그러나 한편으로 시장 경제 체제는 매우 불안한 제도이기도 하다. 오늘날 마크 주커버그와 같은 젊은이의 맞은편에는 한 달 월급으로 88만 원을 받는, 소위 '88만 원 세대'로 불리는 절망의 세대도 있다. 그리고 시장 경제 체제가 만드는 절망과 불안, 그리고 공포의 체험은 어느 한 세대의 경험이 아니라 사회를 살아가는 모든 구성원의 경험으로 확산되고 있다. 초등학교부터 시험을 통해 평가받고, 중고등학교에는 입시 경쟁에서 이겨야 한다는 마음으로 서로 경쟁하고, 대학에 입학하는 순간 취업을 걱정해야 하고, 취업의 기쁨은 곧 40대 명예퇴직까지는 노후에 필요한 자금을 마련해야 한다는 불안으로 바뀌어 버린다.

그나마 마련한 노후 자금으로 안정된 생활을 하자면, 암과 같은 큰 병이 들어서는 안 된다. 혹시라도 그럴 경우 나뿐만 아니라 가족 모두가 절망의 구렁텅이에 빠지게 되는 것이기 때문이다.

시장 경제 체제가 만들어 내는 문제들은 세대를 불문하고 우리를 '걱정이 많은 노인'처럼 만든다. 시장 경제는 왜 사람들로 하여금 모든 생명체는 죽어가는 존재이고, 죽음에 이르는 과정은 항상 고통이라는 것을 상기하도록 만드는 것일까?

이처럼 경제 문제는 단지 나와 동떨어진 문제가 아니라 어떤 삶을 살 것인지에 대해 끊임없이 질문하고 선택을 요구하는 문제다. 적어도 대한민국에만 수천만 명이 매일 이 고민을 하고 살아가고 있다.

혹시 오직 시장을 믿으라고 외치는 경제학자가 있다면, 그 사람은 거짓말을 하고 있거나 삶을 고민하며 살아가는 대다수 사람들에게 관심이 없는 사람이다. 또한 경제가 어떤 경우에도 간섭받지 않아야 한다고 주장하는 사람도 마찬가지다.

경제에 대한 관점은 결국 자신이 어떤 태도로 삶을 살아갈 것인지를 결정한다. 경제를 문화와 정치에서 분리시키는 관점을 선택한다면, 성공과 실패의 갈림길에서 실패하지 않으려 발버둥 치는 삶의 태도를 갖게 될 것이다. 반면 경제를 문화와 정치와의 관계 속에서 이해하려는 관점을 갖게 된다면, 느리지만 함께 고통을 나누고 기쁨도 함께 키우는 삶의 태도를 갖게 될 것이다. 당신은 경제에 대한 어떤 관점을 선택하고, 삶에 대한 어떤 태도를 선택할 것인가? 선택은 각자의 몫이다.

무엇이 행복한 경제를 만들까?

ⓒ 박세진, 소복이 2015

2020년 11월 20일 초판 2쇄 발행

지은이 | 박세진
그린이 | 소복이
펴낸이 | 이상규
편집인 | 김훈태
편집 | 이의진
디자인 | 민혜원

펴낸곳 | 이상한도서관
등록번호 | 209-06-98501
등록일자 | 2008.09.30
주소 | 서울시 성북구 하월곡동 196
대표전화 | 02-913-8888
팩스 | 02-913-7711
e-mail | leesangbooks@gmail.com

ISBN 978-89-94478-51-7 03300
ISBN 978-89-94478-46-3 (세트)

사진 제공
49쪽, 87쪽, 120쪽, 135쪽, 197쪽 ⓒ 연합뉴스
58쪽 ⓒ 미국 국가 기록원
77쪽 ⓒ Chris Harvey/Shutterstock.com
218쪽 ⓒ Claire7373 Andrewglaser

● 사진 게재를 허락해 주신 분들께
감사 드립니다. 이 책에는 저작권자를 찾기
어려운 경우가 있었습니다. 연락 주시면 절차를
밟고 진행하겠습니다.

● 이상한도서관은 이상미디어의 청소년 교양
브랜드입니다